COM Deus É ASSIM...

Alvarina Nunes

COM Deus É ASSIM...

Ágape

SÃO PAULO, 2021

Com Deus é assim

Copyright © 2021 by Alvarina Nunes
Copyright © 2021 by Ágape Editora Ltda.

EDITOR: Luiz Vasconcelos
ASSISTÊNCIA EDITORIAL: Tamiris Sene
PREPARAÇÃO: Elisabete Franczak
REVISÃO: Marília Courbassier Paris
DIAGRAMAÇÃO: Manoela Dourado
CAPA: Luis Antonio Contin Junior

Texto de acordo com as normas do Novo Acordo Ortográfico da Língua Portuguesa (1990), em vigor desde 1º de janeiro de 2009.

Dados Internacionais de Catalogação na Publicação (CIP)
Angélica Ilacqua CRB-8/7057

Nunes, Alvarina
  Com Deus é assim / Alvarina Nunes. -- Barueri, SP : Ágape, 2021.
  168 p.

ISBN 978-65-5724-030-4

1. Deus 2. Vida cristã I. Título

21-2535   CDD 248.4

Índice para catálogo sistemático:
1. Deus

GRUPO NOVO SÉCULO EDITORA LTDA.
Alameda Araguaia, 2190 – Bloco A – 11º andar – Conjunto 1111
CEP 06455-000 – Alphaville Industrial, Barueri – SP – Brasil
Tel.: (11) 3699-7107 | Fax: (11) 3699-7323
www.gruponovoseculo.com.br | atendimento@novoseculo.com.br

Agradecimentos

Às vezes, eu me pergunto: como Deus, Todo-Poderoso, criador do céu e da terra, se preocupou tanto comigo e me desafiou para um projeto tão elevado, de anunciar as suas maravilhas? De todos os livros que tenho lido, a Bíblia Sagrada está em primeiro lugar, e Deus é meu autor preferido. Dele vem toda a minha inspiração. Devo tudo a Ele!

Por isso, tributo meu louvor a Deus e a minha gratidão ao Senhor Jesus, por tantos milagres que tem realizado em minha vida, testemunhos que aumentam a fé de nossos leitores; e também ao amado Espírito Santo, que sempre intercede por mim ao Pai, e por toda a inspiração que tem me concedido.

Toda honra e toda a glória sejam para meu Deus!

Sumário

Introdução 9
Reflexões que transformam 11
O complexo de inferioridade 13
Só envelhece quem quer 16
Ser jovem 19
Enfrentando as adversidades 20
Aprendendo com Deus 22
  Sabedoria que transforma 24
No perigo, Jesus nos pega no colo 26
Uma escalada de bênçãos 28
Ser feliz 31
Com Deus é assim 32
Uma viagem a Laodiceia 34
Uma geração vai, outra geração vem 37
Fomos chamados à liberdade 40
Quando o amor e o perdão se encontram 43
O pecado do rei Acazias 46
Mais um milagre em minha vida 49
A degradação de Asa 51
Deus nos criou para dominar sobre a Terra 54
Quem confia em Deus é bem-sucedido 56
Vencendo o poder das trevas 59
Cuidado com o inimigo! 62
A natureza da fé 63
O orgulho e a estrela caída 66
Renove a mente 69
O verbo se fez carne 71

As bênçãos dos obedientes 74
O amor pode curar o mundo 76
Sorria sempre 79
Lute, até vencer a crise 80
O obstáculo que impede o seu sucesso 83
Os benefícios da sabedoria 85
O poder sobrenatural de Deus a nosso favor 88
Ensina a criança. Lá na frente, colherás os frutos 91
Os dois caminhos 95
Uma vida com propósito 98
Por que não há paz? 101
Nascestes de novo? 104
Hino – Nascer de novo (harpa cristã) 107
O semeador e o poder da semente 109
O poder da semente 111
Um testemunho muito forte 112
A fé perfeita em Deus 116
O erro de Elimeleque 118
A vida e a morte 121
De onde vêm as enfermidades? 123
A sabedoria que vem do alto 127
Davi e Bate-Seba 130
Olhai os lírios do campo 133
As misericórdias do Senhor 136
O fim está próximo 139
Nossa intimidade com Deus 145
Escuta-me, Senhor 148
Renascendo com Cristo 149
Quando Deus fala 152
O bom pastor 153
Um caminho sem retorno 157
Marta e Maria 161
Andando no Espírito 163

Introdução

Fomos criados para fazer a diferença neste mundo. Esse era o pensamento de Deus a nosso respeito quando formou o homem e o fez à sua semelhança. Infelizmente, nem todos estão aptos para fazer a diferença; mas aqueles que confiam em Deus fazem uma grande diferença nesta terra. Disse, pois, Jesus aos judeus que haviam crido nele: "Se vós permanecerdes em minha palavra, sois verdadeiramente meus discípulos; e conhecereis a verdade, e a verdade vos libertará" (João 8, 31-32). Eis o segredo que faz toda a diferença!

Agora somos libertos de verdade, aprendemos que há em nós um poder sobrenatural que nos foi dado por Deus. Quando o mundo olhar para nós, vendo o nosso testemunho, repleto de toda sorte de bênçãos e milagres; então abriremos a nossa boca para dizer: Com Deus é assim!

Muitos cristãos fracassaram em situações difíceis porque perderam a confiança em Deus. Enquanto tudo ia bem, suas palavras eram boas e fortes. Porém, em meio às tempestades, quando as provas surgiram, enfraqueceram, e o inimigo tirou vantagem sobre elas. Acabaram então desistindo de seguir em frente e lutar. Desistir é o sucesso do fracasso.

Continue a leitura deste livro e aprenda a vencer qualquer dificuldade. Seja a diferença que o mundo precisa conhecer!

Reflexões que transformam

Para o sábio, ouvir é crescer em sabedoria. (Provérbios 1, 5)

Deus colocou sementes de grande valor dentro de nós no momento em que nascemos. Você e eu somos responsáveis pelo crescimento dessas sementes. O salmista disse certa vez que um abismo chama outro abismo, contudo quando temos uma mente extraordinária, sabemos que Deus nos capacita para uma mudança transformadora, algo que possa mostrar ao mundo que podemos fazer a diferença nesta vida.

No mundo ouve-se muito que "a miséria ama companhia", e o mesmo vale para a incredulidade e o desânimo. Não deixe que os medos, as inseguranças e a incredulidade dos outros limitem o que é possível para você. Se você tem um sonho, um desejo que arde no coração, não fique aí parado, com medo do que as outras pessoas possam pensar a seu respeito. Lute por seu sonho. Trabalhe dia e noite até realizá-lo! Abra mão de conforto, tranquilidade, sono em troca de realização. Escolha viver com propósito e tenha a felicidade como meta.

Mantenha em mente a certeza de que você merece aquilo que deseja e que, se colocar o esforço necessário para obtê-lo, o terá. O caminho sempre se abre para a pessoa otimista, com fé, coragem e determinação. Saiba, porém, que temos de ter uma mente sempre pronta para aprender, mais e mais a cada dia, pois o maior erro seria achar que já sabemos tudo. E a nossa melhor professora, sem dúvida, será a vida, pois ela se apresenta a todos trazendo lições inesquecíveis, algumas agradáveis e outras muito dolorosas. Quando atingido por uma adversidade, há quem tenha o péssimo hábito de largar tudo e desistir.

Desistir será o sucesso do fracasso. Tenho certeza de que ninguém deseja isso. Se você pensa que é um derrotado, será um derrotado. Mude a mentalidade. Faça a diferença! Corra atrás de seus sonhos. Tudo o que vier às suas mãos para ser feito, faça da melhor forma. Os maiores vencedores são aqueles que não se dobram aos limites que a vida lhes quer impor, mas aprendem a ser mais fortes em cada adversidade vencida.

Invista em conhecimento, estude, faça cursos especializados nas áreas que seja o seu foco. Sua mente certamente merece crescer! Não leve a mente à falência! Não mate seu coração de fome. Ele precisa desesperadamente de alimento! Ouse aceitar a transformação. Atreva-se a ouvir novas ideias e novos conceitos, Deus pode estar querendo levá-lo a lugares altos. Ouse acreditar! Busque a direção de Deus em todos os seus projetos, e eles serão bem-sucedidos.

O complexo de inferioridade

> *E falou o Senhor a Moisés, dizendo: Envia homens que espiem a terra de Canaã, que eu hei de dar aos filhos de Israel; de cada tribo de seus pais enviareis um homem, sendo cada qual maioral entre eles. (Números 13, 1-2)*

Doze homens foram enviados como espias à terra de Canaã, e dez deles voltaram amedrontados em razão dos que lá residiam. Os habitantes daquele lugar eram poderosos guerreiros e descendentes de gigantes, por isso os espias sentiram medo e se viram como se fossem gafanhotos diante deles. Calebe e Josué, no entanto, foram os únicos que creram que o Senhor lhes daria aquela terra excelente.

Canaã não é um tipo de céu. Lá, havia gigantes, e no céu nunca haverá gigante algum! Canaã simboliza seus sonhos, seus objetivos, suas metas. É a sua área de sucesso. Todo homem deve ter algum tipo de meta. Deus destinou você para alcançá-la. Abraão tinha um sonho: Isaque. José tinha um sonho: ser o primeiro-ministro. Salomão tinha um sonho: construir o templo. Os israelitas tinham um sonho: Canaã.

Moisés enviou doze espias para examinar a Terra Prometida. Antes de entrar nela, os espias viram a terra rica em mel, leite, uvas...

e gigantes. Quando voltaram, seus relatórios eram contraditórios. Dez homens deram um relatório negativo; dois deram um relatório positivo. Todos os doze espias viram os gigantes, inclusive os dois espias cheios de fé: Josué e Calebe. Uma vida de fé não implica ignorar o óbvio. Reconhecer um problema não quer dizer que haja dúvida. Paulo certa vez reconheceu que Satanás estava dificultando as coisas (Tessalonicenses 2, 18). Ignorar uma enfermidade grave não desfaz o problema. É preciso admitir que algo existe antes de confrontá-lo satisfatoriamente.

O relatório dos dez espias incrédulos contaminou os israelitas, que murmuraram contra o Altíssimo, preferindo morrer no Egito ou no deserto. Calebe e Josué foram os únicos que não duvidaram das promessas de Deus. Eles animaram o povo a conquistar a terra, lembrando-os de que Deus os guiaria na posse da herança; contudo os israelitas incrédulos não lhes deram ouvidos. Josué e Calebe se distinguiram porque creram na capacidade de Deus de fazer o impossível. Se Ele havia aberto o mar Vermelho e derrotado o faraó, por que não daria vitória contra os inimigos que habitavam a terra prometida? Procure repreender a incredulidade de sua vida!

Que tipo de fé é a sua? Os doze espias tinham fé; mas houve uma diferença entre eles. Dez tinham fé em gigantes. Dois tinham fé em Deus. Dez eram conscientes acerca de gigantes. Dois eram conscientes acerca de Deus. Dez voltaram se queixando: Você viu o tamanho daqueles gigantes? Josué e Calebe voltaram salivando e dizendo: Você viu o tamanho daquelas uvas? Dez eram gafanhotos. Dois eram exterminadores de gigantes e provadores de uvas! Bem

Com Deus é assim...

como nos mostra a Palavra, todos os que não creram morreram no deserto, mas Calebe e Josué chegaram à Canaã e foram muito abençoados. Suas palavras revelam se você é um vencedor ou um perdedor. Não diga para Deus o tamanho do seu problema, diga para seu problema o tamanho do seu Deus!

Só envelhece quem quer

Não sabes, não ouviste que o eterno Deus, o Senhor, o Criador dos fins da terra, nem se cansa, nem se fadiga? Não se pode esquadrinhar o seu entendimento. Faz forte ao cansado e multiplica as forças ao que não tem nenhum vigor. Os jovens se cansam e se fadigam, e os moços de exaustos caem, mas os que esperam no Senhor renovam as suas forças, sobem com asas como águia, correm e não se cansam, caminham e não se fadigam. (Isaías 40, 28-31)

Qual o segredo de manter-se jovem no decorrer dos anos?

Usar cremes de dia e de noite? Poções milagrosas, potes, unguentos diversos, caldos à base de ingredientes secretos? O que não dariam alguns para conhecer o segredo da eterna juventude, não é mesmo? Bem, uma das chaves para continuar jovem é entregar a Deus a direção da vida e praticar a sua Palavra, pois Ele faz forte ao cansado, e os que esperam Nele são renovados.

Sentir-se bem consigo mesmo, aceitar-se, valorizar as coisas importantes da vida, como a saúde, estar junto de pessoas que nos amam, enxergar a vida com bons olhos, desfrutando cada minuto, colocar Deus como prioridade na vida, praticar o amor e o perdão,

Com Deus é assim...

ajudar o próximo são alguns dos elementos que permitirão que sua juventude seja preservada.

Meu conselho de sempre: "Cuide bem do corpo; você mora nele". Quando cuidamos do corpo, e temos a mente de Cristo habitando em nós, o passar dos anos não causará nenhum dano ao cérebro. Quem não se cuida fica vulnerável a sofrer com depressão e ansiedade. O melhor remédio, portanto, é a prevenção. Não amontoe preocupações em sua mente. Procure ter momentos relaxantes, controle o estresse e esteja sempre atento às orientações de Deus.

Deus é o maior interessado em que sejamos renovados. Veja o que a sua Palavra nos diz: "Bendize, ó minha alma, ao Senhor, e não te esqueças de nenhum de seus benefícios. Ele é quem perdoa todas as tuas iniquidades; quem sara todas as tuas enfermidades; quem da cova redime a tua vida e te coroa de graça e de misericórdia; quem farta de bens a tua velhice, de sorte que a tua mocidade se renova como a da águia" (Salmos 103, 2-5). Que riqueza de detalhes nessa palavra, não é mesmo? A nossa mocidade se renova como a da águia. Portanto podemos afirmar que os que esperam no Senhor se despiram do velho homem para serem semelhantes a Deus.

Mantenha a mente saudável e cuide das palavras. Um neurocirurgião disse em uma de suas palestras que haviam sido feitas novas descobertas relacionadas ao funcionamento do cérebro. Foi descoberto que o centro da fala no cérebro exerce o domínio sobre todos os outros centros nervosos. Quando fazemos testes no centro da fala, todo o restante do cérebro responde. O centro da fala exerce o domínio. Então, disse o médico, quando uma pessoa diz: "Estou fraca", o centro da fala manda uma mensagem para todo o cérebro: "Prepare-se para ficar fraco", mas Deus fala: "Que o fraco diga: Eu sou forte". Quando uma pessoa diz que está velha, o centro da fala manda uma mensagem para todo o cérebro, dizendo: "Prepare-se para morrer"; mas nossa mente está protegida por Deus. Seus conselhos nos alertam dia a dia.

Em Provérbios 4, 20-23, diz: "Filho meu, atenta para as minhas palavras; aos meus ensinamentos inclina os ouvidos. Não os deixe apartar-se dos teus olhos; guarda-os no mais íntimo do teu coração. Porque são vida para quem os acha e saúde para o seu corpo". Portanto falemos de vida. Juventude é um estado de espírito. Só envelhece quem quer! Deus nos renova cada manhã.

Ser jovem

Ser jovem é acreditar na vida
não parar no tempo e acertar o passo
com os passos rápidos de um século louco
lutando sempre para afastar o fracasso.

Ser jovem é interrogar, questionar
pesquisar muito, perguntar como criança
desafiando as dificuldades de cabeça erguida;
confiando em Deus, sem perder a esperança.

Ser jovem não é problema de idade
juventude é um estado de espírito;
há velhos jovens vendendo saúde e disposição
e há jovens velhos caindo aos pedaços, no maior conflito.

Ser jovem é crescer sorrindo
recomeçando a cada amanhecer;
é aceitar a vida como uma dádiva divina
construir, cantar, amar e agradecer.

Enfrentando as adversidades

Estas coisas vos tenho dito, para que tenhais paz em mim. No mundo tereis aflições; mas tende bom ânimo; eu venci o mundo. (João 16, 33)

As adversidades sempre acontecem em momentos inesperados. Elas chegam de repente, sem avisar. Levantam-se com força total para enfraquecer a fé em Cristo. Primeiramente, não dê ouvidos ao inimigo, nem a palavras negativas, que surgem de todos os lados em tempos de crise. O nosso inimigo espiritual sempre utiliza as melhores armas para nos atacar e escolhe os momentos em que estamos desprevenidos, fragilizados e vulneráveis.

É exatamente quando atravessamos momentos de extrema dificuldade que costumamos perguntar a nós mesmos: "O que eu posso fazer? Como devo agir? Quando estamos diante de situações humanamente impossíveis de resolver, não adianta pedir ajuda a pessoas influentes, aos amigos, a um prefeito, a um deputado, a um empresário. Devemos recorrer a Deus, com o coração quebrantado e humilde.

Nós, cristãos, devemos considerar os momentos de provações como uma oportunidade para nos aproximarmos de Deus e

Com Deus é assim...

clamarmos a Ele de forma mais intensa, aprimorando assim mais e mais a nossa comunhão com o Pai.

Nos momentos em que verificamos que não existe saída, devemos clamar a Deus, controlar o medo, ficar quietos e confiar no Senhor. Há duas atitudes que considero importantes de serem tomadas em meio às adversidades: seguir em frente, marchar em direção ao mar da vida; e usar a autoridade que temos recebido de Deus e não deixar o medo nos dominar. Nesses momentos nossa fé precisa estar ativa.

"O medo é mais do que um sentimento, é um espírito que se opõe ao Espírito de Deus" (2 Timóteo 1, 7). Medo de não se casar, medo de se casar e então se divorciar, medo da vida e medo da morte, medo da solidão, medo da multidão, medo do hoje e medo do amanhã, medo do conhecido e medo do desconhecido, medo de ficar doente; medo de tudo.

A epidemia de COVID-19 abalou o mundo inteiro. Em meio a toda essa tragédia, surgiu uma oportunidade para o mundo despertar, mudar alguns conceitos, tirar um tempo para refletir sobre as prioridades dessa vida tão preciosa que nos foi graciosamente doada pelo nosso Deus. Momentos como esse sacodem as estruturas dos seres humanos. Muitas vidas foram ceifadas: grandes e pequenos, ricos e famosos, líderes mundiais, governantes do mundo inteiro.

Para quem crê em um Deus poderoso, e leva a sério aquelas palavras de Jesus: "Tende bom ânimo", nada temerá; Jesus venceu, e nós também venceremos. Tenha fé!

Aprendendo com Deus

Tu me tens ensinado, ó Deus, desde a minha mocidade; e até agora tenho anunciado as tuas maravilhas. (Salmos 71, 17)

Coisas que aprendi com Deus, desde a mocidade, é que precisamos crescer na graça e no conhecimento de Deus, pois o conhecimento nos livra da destruição e nos torna sábios e fortes para vencer qualquer dificuldade que a vida de vez em quando nos apresenta.

No livro de Oseias 4, 6 diz: "O meu povo está sendo destruído porque lhe falta o conhecimento". Forte, não?

"Feliz o homem que acha sabedoria, e o homem que adquire conhecimento; porque melhor é o lucro que ela dá do que o da prata, e melhor a sua renda do que o ouro mais fino. Mais preciosa é do que pérolas, e tudo o que podes desejar não é comparável a ela. O alongar-se da vida está na sua mão direita; na sua esquerda, riquezas e honra. Os seus caminhos são caminhos deliciosos, e todas as suas veredas, paz (Provérbios 3, 13-16).

Aprendi que precisamos conhecer a Deus até que haja uma intimidade maior entre nós, e para isso leio sua Palavra e medito a respeito todos os dias. Já li a Palavra muitas vezes, e quanto mais a leio, mais aprendo com ela. A Bíblia deve ser o nosso manual de instruções para uma vida bem-sucedida.

A Palavra também me mostrou como vencer as astutas ciladas do inimigo. Veja: "Revesti-vos de toda a armadura de Deus, para poderdes ficar firmes contra as ciladas do diabo" (Efésios 6, 11).

Deus nos mostra com riqueza de detalhes como devemos viver o dia a dia, de tal forma que em tudo possamos ser bem-sucedidos; isso ficou bem destacado no Novo Testamento, em Filipenses 4, 8: "Finalmente, irmãos, tudo o que é verdadeiro, tudo o que é respeitável, tudo o que é justo, tudo o que é puro, tudo o que é amável, tudo o que é de boa fama, se alguma virtude há e se algum louvor existe, seja isso o que ocupe o vosso pensamento".

E para encerrar esta pequena reflexão, não poderia deixar de falar sobre a fé, pois sem ela não podemos nem agradar a Deus. Veja isso: "De fato, sem fé é impossível agradar a Deus, porquanto é necessário que aquele que se aproxima de Deus creia que Ele existe e que se torna galardoador dos que o buscam" (Hebreus 11, 6).

A fé é uma arma poderosa que podemos usar para fazer a diferença neste mundo. É a certeza das coisas que esperamos. Conforme a primeira epístola de João 5, 4, "Porque todo o que é nascido de Deus vence o mundo; e esta é a vitória que vence o mundo: a nossa fé". Que maravilha!

Sabedoria que transforma

Com a sabedoria edifica-se a casa, e com a inteligência ela se firma; pelo conhecimento se encherão as câmaras de toda sorte de bens, preciosos e deleitáveis. (Provérbios 24, 3)

Neste mesmo Livro de Provérbios, também está escrito que mais poder tem o sábio do que o forte, e o homem de conhecimento, mais do que o robusto. Essa é a verdadeira sabedoria que vem do alto.

As palavras podem ser usadas do modo certo ou errado, com elas podemos edificar nossa casa, nossa família, mas sem sabedoria podemos deixar um rastro de destruição, e dificilmente haverá reparação para isso. "A morte e a vida estão no poder da língua; e aquele que a ama comerá do seu fruto" (Provérbios 18, 21).

Você ouve uma história. Você sorri ou chora. Você sente. O que você ouve o faz pensar. O que você pensa o faz sentir. O que você sente o faz agir. O que você faz torna-se um hábito. Seus hábitos determinam sua vida e seu futuro. Então pare de falar palavras negativas. Pare de falar de derrota e de doença. Pare de falar de fracasso e de problemas. Concentre-se nas oportunidades disponíveis, fale das vitórias que já conseguiu até hoje. Fale sobre suas experiências bem-sucedidas, nunca conte a ninguém suas derrotas. Fale sobre seu futuro, e nunca sobre seus fracassos. Ajude outras pessoas a fazerem o mesmo, influencie as conversas ao seu redor. Às vezes, é muito bom preencher o ambiente com uma felicidade contagiante.

Suas palavras servem de sinalização para os outros, apontando a direção em que sua vida está se movendo. Cuide do que você fala! As pessoas se aproximam ou se afastam de nós baseadas em nossas palavras. Se quiser ter pessoas de personalidade agradável ao seu lado, desenvolva primeiramente essa personalidade em você. Mas, cuidado: não ignore ou subestime as palavras "íntegra" e "honesta". A adulação barata e intencional jamais substituirá o interesse genuíno, íntegro e sincero. Ninguém consegue alcançar o sucesso e a felicidade duradoura se não tiver a personalidade fundada sobre um caráter sólido e positivo. O caráter é contagiante!

"Como maçãs de ouro em salvas de prata, assim é a palavra dita a seu tempo" (Provérbios 25, 11). Assim é a sabedoria que vem do alto. Quando aprendermos a usá-la corretamente, nossa alma se fartará de toda sorte de bens preciosos e deleitáveis conforme nos foi prometido.

No perigo, Jesus nos pega no colo

Ele me invocará, e eu lhe responderei; estarei com ele na angústia; livrá-lo-ei e o glorificarei. (Salmos 91, 15)

Estava passando uns dias em minha cidade natal, para os preparativos da festa de aniversário de minha mãe. No meio da manhã fui dar uma caminhada e passar em algumas lojas para comprar alguns elementos para a decoração do salão. Sempre oro antes de sair de casa, pedindo a Deus que me proteja por onde quer que eu ande. Naquela manhã fiz uma oração rápida e saí um pouco distraída, pensando em cada detalhe da festa que se aproximava.

Como havia várias lojas ali por perto, resolvi que iria a pé mesmo. Enquanto caminhava por uma rua em direção a uma dessas lojas, abriu-se um portão de uma linda casa, e saíram em minha direção dois enormes cachorros pretos, do tipo policiais. O dono da casa ia tirar o carro, então abriu o portão, e os cachorros vieram direto na minha direção. Eu fiquei com muito medo. Lembro-me de que estava na beira da calçada, mas, quando vi aqueles cachorros vindo na minha direção, não pensei duas vezes, fui para o meio da rua, e naquele exato momento vinha um carro a uma boa velocidade. Só me lembro de que o carro era branco. O que aconteceu de fato eu não saberia contar, pois foi como se alguém tivesse me pegado no colo e me transportado por cima daquele carro. Fiquei alguns minutos fora de mim; e quando voltei, estava novamente na beira da calçada, sã e salva, sem nenhum arranhão, e o carro branco seguia em frente o seu trajeto, agora bem devagar, e os dois cachorros eram levados de volta para o pátio da casa.

Fiquei meio tonta, lembrando-me da cena, sem ter a menor noção de como tinha acontecido tão grande livramento. Pois, no auge do perigo, com certeza um anjo a serviço de Deus me pegou rapidamente e me tirou dali. Não posso explicar os detalhes, porque estive fora de cena por alguns minutos. A única certeza que tenho é que fugi para o meio da rua e vinha um carro em minha direção, depois disso, só me lembro de estar de novo na beira da calçada. O carro ia embora, bem devagar, os cachorros estavam sendo presos, e eu ali, sem entender nada. Eu tinha orado antes de sair de casa, como sempre faço, pedindo proteção a Deus.

Certa vez, Jesus disse: "Orai e vigiai, porque o vosso inimigo anda ao derredor, rugindo como leão, tentando a quem possa tragar" (I Pedro 5, 8). Lembro-me de ter orado antes de sair de casa; mas não lembro de ter vigiado. Tenho certeza de que aquela tinha sido uma tentativa do inimigo de me destruir, mas Deus enviou seu Anjo para me proteger. Que maravilha!

Uma escalada de bênçãos

Bendize, ó minha alma, ao Senhor, e tudo o que há em mim bendiga ao seu santo nome. Bendize, ó minha alma, ao Senhor, e não te esqueças de nenhum dos seus benefícios. É ele que perdoa todas as tuas iniquidades e sara todas as tuas enfermidades; quem redime a tua vida da perdição e te coroa de benignidade e de misericórdia; quem enche a tua boca de bens, de sorte que a tua mocidade se renova como a águia. (Salmos 103, 1-5)

Como não agradecer a Deus por tão grande privilégio de que tudo isso esteja à nossa disposição? Sim, temos uma escalada de bens preciosos que nos são oferecidos pelo Senhor todos os dias de nossa vida, e muitas vezes nem paramos para meditar o tesouro que temos nas mãos.

Antes de conhecermos a Verdade, havia um abismo que nos separava de Deus, os nossos pecados faziam essa separação. Mas quando aceitamos Jesus Cristo em nossas vidas, nossos pecados foram todos anulados lá na cruz do calvário. Então Jesus veio e fez uma ponte sobre aquele abismo; e, agora, nenhuma condenação existe sobre nós. Nossos pecados foram perdoados. Agora podemos falar com Deus sem nenhum impedimento.

Outro privilégio que temos é poder receber de Deus a cura para nossas enfermidades por meio de Cristo. Conforme mencionado no livro de Isaías 53, 4: "Verdadeiramente, ele tomou sobre si as nossas enfermidades e as nossas dores, levou sobre si; e nós o reputamos por aflito, ferido de Deus e oprimido".

Imagine a alegria que temos hoje em poder confessar que estamos absolutamente redimidos em Cristo! No qual "temos a redenção, pelo seu sangue, a remissão dos pecados, segundo a riqueza de sua graça, que Deus derramou abundantemente sobre nós em toda a sabedoria e prudência" (Efésios 1, 7-8).

O significado desse versículo é que o domínio de Satanás foi quebrado. Ele perdeu a autoridade que tinha sobre nossa vida no momento em que nos tornamos uma nova criatura. Agora Jesus Cristo reina sobre nós. O poder do inimigo chegou ao fim.

O salmista continua falando que Deus nos coroa de benignidade e de misericórdia, e quão grande e verdadeira é essa afirmação – falta-nos palavras e adjetivos que possam expressar toda essa bondade divina. No Salmo 118, 1-4, diz: "Louvai ao Senhor, porque ele é bom, porque a sua benignidade é para sempre. Diga agora, Israel que a sua benignidade é para sempre. Diga agora, a casa de Arão que a sua benignidade é para sempre. Diga agora, os que temem ao Senhor que a sua benignidade é para sempre".

E agora, falando da misericórdia – Ah! A misericórdia concedida pelo nosso Pai não é uma esmola de caridade, é o amor concedido a nós em virtude da obra de seu Filho e desfrutada no Espírito. Muito forte! O profeta Jeremias falou a respeito dizendo: "As misericórdias do Senhor são a causa de não sermos consumidos; porque as suas misericórdias não têm fim". (Lamentações 3, 22)

Para finalizar, o salmista diz que Deus enche a nossa boca de bens, de sorte que a nossa mocidade se renova como a águia. Que maravilha! No Salmo 68, 19, ele diz: "Bendito seja o Senhor, que de dia em dia nos cumula de benefícios; o Deus que é a nossa salvação".

Por fim, Deus nos concede uma renovação sobrenatural. Veja o que o profeta Isaías falou a respeito: "Faz forte ao cansado e multiplica as forças ao que não têm nenhum vigor. Os jovens se cansam e se fadigam, e os moços de exaustos caem, mas os que esperam no Senhor renovam as suas forças, sobem com asas como águias, correm e não se cansam, caminham e não se fadigam" (Isaías 40, 29-31). Agora que você aprendeu que Deus tem todas essas bênçãos para lhe oferecer, quero lhe fazer uma pergunta apenas: o que está esperando? Abra o seu coração e tome posse dessas promessas!

Ser feliz

Meu soneto sobre a felicidade

Ser feliz é ser bem-aventurado
Duas vezes feliz; a Palavra diz
É como criar um poema bem trabalhado
Sentindo a emoção de um novo aprendiz.

Ser feliz é ser como uma criança
Inocente, sem nada temer, então
Levando às almas perdidas a esperança
Mesmo quando vivem na desolação.

Ser feliz é praticar o amor e o perdão
Carregar na alma o espírito da paz
Agradecer tudo a Deus em uma oração.

Ser feliz é acreditar de verdade
Que o vencer de cada batalha
Traz de volta a felicidade.

Com Deus é assim

Em verdade, em verdade vos digo que aquele que crê em mim fará também as obras que eu faço e outras maiores fará, porque eu vou para junto do Pai. E tudo quanto pedirdes em meu nome, isso farei, a fim de que o Pai seja glorificado no Filho. (João 14, 12-13)

Tinham se passado vários meses desde que meu filho terminara o estágio na mesma empresa em que eu trabalhara anteriormente como química, durante muitos anos. Ele estava aguardando uma vaga na área industrial, na qual fizera o estágio.

Como eu tinha um bom relacionamento com os chefes do setor industrial, pois trabalhei anos no laboratório da empresa, falei com todos a respeito de meu filho, e eles me garantiram que a primeira vaga que surgisse seria dele. Mas muitos meses se passaram depois disso, e nada. Para piorar a situação, naquela época meu filho era muito incrédulo, e já tinha perdido a esperança de um dia voltar àquela empresa e fazer parte do quadro de funcionários. Eu, porém, continuava firme, confiando que Deus abriria para ele aquela porta.

Houve uma campanha em nossa Igreja, quando um grande pregador entregou uma palavra de fé. No fim do culto, ele convocou entre os

Com Deus é assim...

presentes aqueles que precisavam de um milagre, e os convidou a virem até a frente e dobrarem os joelhos para orar com ele a Deus. Eu e meu esposo nos aproximamos, para pedir a Deus pelo nosso filho.

Enquanto eu orava, com os olhos bem fechados, tive uma visão maravilhosa. Não sei se posso chamar de visão, pois na verdade era muito real o que vi e ouvi. Deus me mostrou um corredor escuro, no fim do qual uma grande porta se abria. As paredes ao redor eram muito largas, parecia uma fortaleza, e daquela porta começou a ser projetada uma luz muito forte, que fazia meus olhos arderem. Em seguida, ouvi uma voz me dizendo: "Hoje eu estou abrindo a porta para teu filho, em poucos dias ele estará trabalhando". Fiquei quase fora de mim, por alguns instantes. Terminada a oração, não via a hora de poder contar para meu esposo o que acontecera. No carro, no trajeto de volta para casa, contei tudo a ele. Meu esposo disse: "Deus abriu a porta".

Quando cheguei em casa, fui contar para meu filho, mas ele não me levou muito a sério. Ainda bem que a minha fé em Deus é sempre inabalável. Dois ou três dias depois, ele foi chamado para fazer os exames necessários, e dentro de uma semana já estava trabalhando na empresa, onde trabalha até hoje.

A fé é responsável pelos milagres. Quando você aprender a usar essa ferramenta que nos foi dada por Deus, nada será impossível para você. Veja isso: "Ora, a fé é o firme fundamento das coisas que se esperam e a prova das coisas que não se veem" (Hebreus 11, 1). Esses milagres são um estímulo para dizermos ao mundo: Com Deus é assim!

Uma viagem a Laodiceia

> *E ao anjo da igreja que está em Laodiceia escreve: Isto diz o Amém, a testemunha fiel e verdadeira, o princípio da criação de Deus. Eu sei as tuas obras, que nem és frio nem quente. Tomara foras frio ou quente! Assim, porque és morno e não és frio nem quente, vomitar-te-ei da minha boca. (Apocalipse 3, 14-16)*

Convido os meus queridos leitores a voltarem comigo no tempo e entrar em Laodiceia, pelas portas da cidade, simplesmente para trazer a vocês alguns ensinamentos bem interessantes. Vamos lá?

Laodiceia está localizada no entroncamento de três estradas que saem da Ásia Menor. É um grande centro comercial e administrativo; centro bancário de fabulosas reservas. Há enormes prédios. São indústrias de tecido e tapetes de lã. Eles têm também uma grande faculdade de medicina. Receberam a pregação do evangelho, na terceira viagem missionária de Paulo, quando o apóstolo ficou dois anos na cidade de Éfeso.

Essa cidade era riquíssima. Tanto que, no ano 60, quando foi destruída por um terremoto, os habitantes recusaram ajuda, e reconstruíram-na com os próprios recursos.

Com Deus é assim...

Todavia, Laodiceia tem algo significativo em seu desfavor. É seca. Não há reservatórios de água suficientes para abastecê-la. A única solução era canalizar água de fontes distantes, mas essas fontes eram fontes térmicas. Você já experimentou tomar água morna? Experimente!

O povo da igreja de Laodiceia diz: "Rico sou, e estou enriquecido, e de nada tenho falta" (Apocalipse 3, 17); mas Jesus disse-lhes: "Vocês são pobres, nus e cegos". Que estranho, não é mesmo? Eles são ricos sobremaneira, mas Jesus os chama de "pobres". Na verdade, não é pecado possuir riquezas, isso também é dom de Deus; o pecado está em colocar o coração nas riquezas. O prazer depositado nas riquezas entristece a Deus. Jesus disse certa vez: "Ajuntai tesouros no céu, onde nem a traça nem a ferrugem consomem, e onde os ladrões não minam e nem roubam" (Mateus 6, 19). O apóstolo Paulo também falou a respeito: "Porque o amor ao dinheiro é a raiz de toda espécie de males" (I Timóteo 6, 10).

Eles eram exímios fabricantes de tecidos; mas Jesus disse que estavam nus. Havia também uma grande faculdade de medicina nessa cidade. No entanto, Jesus encontrou mais um ponto negativo, uma epidemia de cegueira espiritual que os médicos não poderiam curar. Essa epidemia fazia todos da cidade caminharem em direção à destruição da alma, com suas atitudes arrogantes. Precisavam quebrantar-se diante de Deus, mas não o faziam. Porventura, não acontece o mesmo nos dias de hoje? Em muitas igrejas, o amor dos cristãos já está esfriando, basta o pastor falar algo que vai contra a opinião de alguns, estes se sentem afrontados e até abandonam a fé.

Foi para essa classe de pessoas que Jesus falou: "Oxalá foras frio ou quente; mas porque são apenas mornos, nem frios nem quentes, vou logo vomitá-los" (Apocalipse 3, 15-16). Jesus comparou a vida espiritual deles à própria água que tomavam – morna. Você conhece pessoas assim? Ore por elas. Você se sente como um deles? Cuidado. Não entristeça Cristo!

Uma geração vai, outra geração vem

Uma geração vai, e outra geração vem; mas a terra para sempre permanece. E nasce o sol, e põe-se o sol, e volta ao seu lugar, de onde nasceu. O vento vai para o sul e faz seu giro para o norte; continuamente vai girando o vento e volta fazendo os seus circuitos. Todos os ribeiros vão para o mar, e, contudo, o mar não se enche; para o lugar para onde os ribeiros vão, para aí tornam eles a ir. Todas essas coisas se cansam tanto, que ninguém o pode declarar; os olhos não se fartam de ver, nem os ouvidos de ouvir. O que foi, isso é o que há de ser; e o que se fez, isso se tornará a fazer; de modo que nada há de novo debaixo do sol.
(Eclesiastes 1, 4-9)

A nossa geração está indo, os nossos jovens serão a próxima geração. Alguém poderá dizer: Ah! Eu não vou dar o meu lugar a esse moleque. Vai, sim. Você está indo. Ele vai assumir o seu lugar. O único que não muda, de geração em geração, é Deus. Nós estamos indo.

Certa vez, um jovem contou seu sonho aos irmãos: "Eis que estávamos atando molhos no meio do campo, e eis que o meu molho se levantava e também ficava em pé; e eis que os vossos molhos o rodeavam e se inclinavam ao meu molho. Então lhes disseram seus irmãos: Tu, pois, deveras reinarás sobre nós? Por isso, tanto mais o aborreciam por seus sonhos e por suas palavras" (Gênesis 37, 7-8). Esse jovem era José. Quem dá crédito a um moleque? Mas Deus estava de olho naquele moleque.

Os irmãos de José tinham inveja dele, e seu ódio aumentou quando José contou-lhes seu sonho. Por causa disso, eles queriam vê-lo morto. Então resolveram dar um sumiço no moleque metido. Só não foi morto porque o irmão Rúben não deixou, mas permitiu que o vendessem como escravo, e ainda mentiram para o pai, dizendo que José estava morto. José foi considerado escravo e passou anos na prisão, porque alguém o acusou injustamente, mas ele não se deixava abalar por nada, mantinha sempre firme a fé e a comunhão com Deus.

Dois anos depois, o faraó teve alguns sonhos certa noite, e ninguém foi capaz de interpretá-los, então um dos serventes do rei comentou que José tinha interpretado seu sonho, e tudo acontecera conforme ele havia previsto. Mandaram buscar José na prisão e ele interpretou o sonho do faraó, e lhe deu conselhos quanto a como deveria agir para controlar tudo o que estava por vir nos próximos anos. O faraó ficou tão satisfeito com tudo o que ouvira de José que o tornou governador do Egito.

Então se seguiram sete anos de fartura, e depois começou um período de fome na terra, que também duraria sete anos. Não havia comida, a não ser no Egito. E os irmãos de José desceram até o Egito para buscar alimento. Quando se encurvaram na presença de José, não o reconheceram. Como poderiam imaginar que aquele garoto intrometido seria agora o governador do Egito? Era o sonho se tornando realidade. José os perdoou e os amou dizendo: "Não fostes vós que me enviastes para cá, senão Deus para preservação da vida" (Gênesis 45, 7). Deus faz assim, de geração em geração.

Fomos chamados à liberdade

Ai dos que descem ao Egito a buscar socorro e se estribam em cavalos! Têm confiança em carros, porque são muitos, e nos cavaleiros, porque são poderosíssimos; e não atentam para o Santo de Israel e não buscam ao Senhor. (Isaías 31, 1)

Estamos vivendo tempos trabalhosos, a humanidade caminha ansiosa à procura de uma solução rápida para resolver seus problemas e conflitos existenciais. Buscam desenfreadamente uma solução, com os próprios meios; confiando no próprio braço.

Parece que as pessoas estão correndo por uma pista com os olhos vendados. Não percebem o óbvio. Correm em várias direções ao mesmo tempo, e na primeira promessa de riqueza aceitam tudo o que lhes oferecem. Alguns, em troca de uma fortuna, vendem a própria alma a Satanás, adoram ídolos, e, é claro, deixam Deus totalmente fora de suas vidas e de seus planos.

Para aqueles que pertencem a esse mundo, isso é natural, não nos surpreende, pois seus olhos ainda não foram abertos, espiritualmente falando. O inacreditável é ver, muitas vezes, o povo cristão ser levado como cativo por muitos caminhos que parecem bons, mas que na verdade são caminhos de morte. "O meu povo é levado cativo porque lhe falta o conhecimento" (Oseias 4, 6).

A falta de conhecimento da Palavra de Deus é a causa de tudo isso. A vida de muitos cristãos é cheia de altos e baixos, de prosperidade e pobreza. Num mês ganham muito dinheiro e no outro perdem tudo o que ganharam. A prosperidade de muitos está sobre um monte de areia; de vez em quando, o devorador vem e sopra, e por terra se vai tudo o que eles ganharam com suor e sacrifício. Esse não é o plano de Deus na vida de seu povo. Esse plano é do inimigo. Uma das características de Deus é suprir todas as nossas necessidades. "Honra ao Senhor com os teus bens e com as primícias de toda a tua renda; e se encherão fartamente os teus celeiros, e transbordarão de vinho os teus lagares" (Provérbios 3, 9).

O povo deixa de lado os mandamentos de Deus e desce ao Egito para buscar socorro. Tenho visto vários descerem. Alguns, por estarem com os olhos vendados, fazem apostas, compram bilhetes, participam de negócios escusos. Onde está o pecado de comprar bilhetes de loteria? O pecado é deixar de confiar em Deus e colocar a fé num jogo, uma descida ao Egito – quase imperceptível.

No mundo, na política, nos negócios, a corrupção corre solta. O mundo lá fora é um caos. Infelizmente, muitos estão descuidados a esse respeito, e por não levarem a sério os mandamentos de Deus estão sempre à margem da miséria; por isso, quando alguém lhes oferece um novo meio de enriquecer rápido, não pensam em mais nada, a única coisa que lhes interessa é a possibilidade de ganhar dinheiro fácil. Coitados! São presas fáceis de Satanás. Jesus disse: "Sede prudentes como as serpentes" (Mateus 10, 16).

Nós fomos chamados à liberdade! "Se, pois, o Filho vos libertar, verdadeiramente sereis livres" (João 8, 36). Sempre que surgir uma necessidade, temos um Deus provedor. Há uma despensa completa à nossa disposição. Veja o que a Bíblia diz: "O meu Deus, segundo a sua riqueza em glória, há de suprir, em Cristo Jesus, cada uma de vossas necessidades" (Filipenses 4, 19)". Somos livres! Não temos falta de nada.

Quando o amor e o perdão se encontram

Mestre, qual é o grande mandamento na Lei? Respondeu-lhe Jesus: Amarás o Senhor, teu Deus, de todo o teu coração, e de toda a tua alma e de todo o teu entendimento. Este é o grande e primeiro mandamento. O segundo, semelhante a este, é: Amarás o teu próximo como a ti mesmo. Destes dois mandamentos dependem toda a Lei e os Profetas. (Mateus 22, 36-40)

Falar sobre o amor é fácil, é o tema das mais lindas poesias, está espalhado nos grandes centros comerciais, estampado em lindas camisetas, é o tema preferido dos poetas. Mas praticar verdadeiramente o amor já não é tão fácil assim. Jesus disse que o amor é o maior de todos os mandamentos; e, às vezes, nos preocupamos com tantas coisas que nos esquecemos do principal. Que o Espírito Santo abra nossos olhos para que possamos colocar o amor como prioridade na vida. Então nosso trabalho será muito mais produtivo, nossos frutos serão visíveis e todos poderão ver Cristo em nossa vida.

No livro de Provérbios 12, 20 diz: "O coração de quem vive planejando maldades está cheio de engano e falsidade, mas quem usa suas palavras para criar a paz tem o coração cheio de alegria".

Deus nos ensina a fazer o bem e amar até mesmo os nossos inimigos. Veja: "Digo-vos, porém, a vós outros que me ouvis: amai os vossos inimigos, fazei o bem aos que vos odeiam, bendizei aos que vos maldizem, orai pelos que vos caluniam" (Lucas 6, 27-28). Jesus nos manda fazer o bem e amar o nosso inimigo em qualquer circunstância. Isso é fácil? Não, não é fácil; somente a graça e o amor do nosso Senhor Jesus Cristo podem nos ajudar a cultivar esse amor.

É preciso se esforçar para cumprir esse mandamento. "Aquele pois que sabe fazer o bem e não faz, comete pecado" (Tiago 4, 17). As oportunidades de fazer o bem estão em toda parte, é só olhar ao redor. Se não amarmos o próximo, a vida dentro da igreja com certeza será uma hipocrisia. Para ter comunhão com Deus, é preciso ter comunhão uns com os outros. Jesus disse para amarmos o próximo como a nós mesmos. Não inveje o seu irmão, não fale mal das pessoas, seja amável, tenha paciência, aprenda a suportar os outros, cuide de suas palavras. A palavra dura suscita a ira.

O amor é o dom supremo, veja o que o apóstolo Paulo diz a respeito: "Ainda que eu fale as línguas dos homens e dos anjos, se não tiver amor, serei como o bronze que soa ou como o címbalo que retine. Ainda que eu tenha o dom de profetizar e conheça todos os mistérios e toda a ciência; ainda que eu tenha tamanha fé, a ponto de transportar montes, se não tiver amor, nada serei. E ainda que eu distribua todos os meus bens entre os pobres e ainda que eu entregue meu próprio para ser queimado, se não tiver amor, nada disso me aproveitará" (I Coríntios 13, 1-3). O amor é o caminho mais curto até o perdão.

Com Deus é assim...

Certa vez, estava Jesus com seus discípulos. "Então, Pedro, aproximando-se, lhe perguntou: Senhor, até quantas vezes meu irmão pecará contra mim, que eu lhe perdoe? Até sete vezes? Respondeu-lhe Jesus: Não te digo que sete vezes, mas até setenta vezes sete" (Mateus 18, 21-22). Isso nos leva a concluir que o perdão é um alto preço, por isso nem sempre compreendido; perdoar é um dos ensinamentos mais difíceis de Jesus, mas quem o praticou garante: Vale a pena! Para o nosso próprio bem, precisamos aprender a perdoar os outros.

Um médico cristão contou que uma paciente sentia fortes dores na coluna; então ele lhe recomendou: o que o Senhor Jesus receita é perdoar as pessoas que a incomodam; inclusive essa que está atravessada na sua garganta. A paciente se espantou. "Como o senhor sabe?", perguntou ela. "Eu não sabia, mas o Espírito Santo, sim". Aquele médico orou por ela, e ela perdoou e foi imediatamente curada. A falta de perdão adoece o corpo e a alma. Às vezes, nos perguntamos: Por que há tantas enfermidades entre os cristãos? Não se assustem, mas o caso é que grande parte das enfermidades é causada pela falta de perdão. A mágoa e o rancor podem gerar câncer. O apóstolo Paulo nos adverte: "Irai-vos, mas não pequeis; não se ponha o sol sobre a vossa ira" (Efésios 4, 26). Portanto, se você se irou contra alguém, antes do anoitecer, no mesmo dia, vá pedir perdão, isso será saúde para você. Jesus nos deu seu maior exemplo de amor e de perdão quando morreu naquela cruz, para o perdão de nossos pecados. O amor e o perdão devem andar juntos. Pense nisso!

O pecado do rei Acazias

Depois da morte de Acabe, revoltou-se Moabe contra Israel. E caiu Acazias pelas grades de um quarto alto, em Samaria, e adoeceu; enviou mensageiros e disse-lhes: Ide consultai a Baal-Zebube, deus de Ecron, se sararei desta doença. Mas o Anjo de Senhor disse a Elias, o tesbita: Dispõe-te, e sobe para te encontrares com os mensageiros do rei de Samaria, e dize-lhes: Porventura, não há Deus em Israel, para ires a consultar Baal-Zebube, deus de Ecron? Por isso assim diz o Senhor: Da cama a que subiste, não descerás, mas, sem falta, morrerás. Então Elias partiu. (II Reis 1, 1-4)

O rei Acazias começou a reinar sobre Israel em Samaria no décimo ano de Josafá, rei de Judá, e reinou apenas dois anos sobre Israel. Fez o que era mau perante o Senhor, porque andou nos caminhos de seu pai e de sua mãe. As suas referências familiares eram péssimas. Era filho de Acabe, o pior rei de Israel, e de Jezabel, a rainha mais má que Israel já teve! Na Bíblia, ela é descrita como uma mulher ímpia, insensata, injusta, cruel, sem temor a Deus; possuidora de um espírito corrupto e que exerceu influência negativa e dominante na vida do

Com Deus é assim...

esposo, o rei Acabe. Por tudo isso, aprouve a Deus trazer para Jezabel uma sentença de morte por meio do rei Jeú.

Uma boa influência familiar é fundamental na vida, e Acazias não teve nenhuma. Quando adoeceu, enviou mensageiros para consultar Baal-Zebube, deus de Ecron, e saber se sararia daquela enfermidade, o que entristeceu muito a Deus. Veja o que Deus fala a respeito de todos que pecam contra ele: "Mas o que pecar contra mim violentará sua própria alma; todos os que me odeiam amam a morte" (Provérbios 8, 36).

Enquanto os mensageiros iam a caminho para consultar Baal--Zebube, Deus mandou o profeta Elias encontrá-los para dizer-lhes: "Porventura não há Deus em Israel, para irdes consultar a Baal-Zebube, deus de Ecron? Por isso, assim diz o Senhor: Da cama que subiste, não descerás, mas sem falta morrerás. Voltaram então aqueles mensageiros, e falaram todas essas coisas ao rei Acazias" (2 Reis 1, 3-5).

Sabendo quem era Elias, temeu o rei e começou enviando um capitão com cinquenta soldados, que subiram até onde estava o profeta no cimo do monte. Disse-lhe o capitão: Homem de Deus, o rei diz: Desce. Elias, porém, respondendo disse: Se eu sou homem de Deus, desça fogo do céu e te consuma a ti e aos teus cinquenta. Então fogo desceu do céu e o consumiu a ele e aos cinquenta. Então o rei tornou a enviar outro capitão com cinquenta soltados e aconteceu igual ao que tinha acontecido ao primeiro capitão. Tornou o rei a enviar pela terceira vez um capitão e cinquenta soldados, mas esse capitão ajoelhou-se diante de Elias e suplicou-lhe, fazendo o mesmo pedido. Então, o Anjo do Senhor disse a Elias: Desce com esse, não temas. Levantou-se e foi ter com o rei. Chegando lá disse: Assim diz o Senhor: Porque enviaste mensageiros a consultar a Baal-Zebube, deus de Ecron? Será, acaso, por não haver Deus em Israel, cuja palavra se consultasse? Portanto desta cama a que subiste, não descerás, mas, sem falta, morrerás. E assim morreu o rei Acazias, segundo a palavra do Senhor.

Longe do Senhor, a pessoa faz o que Ele proíbe e, sem dúvida, foge dos propósitos de Deus, cavando a própria sepultura. Veja o que Ele diz: "Mas o meu povo não me quis escutar a voz, e Israel não me atendeu. Assim, deixei-o andar na teimosia do seu coração; siga os seus próprios conselhos. Ah! Se o meu povo me escutasse, se Israel andasse nos meus caminhos! Eu, de pronto, lhe abateria o inimigo e deitaria mão contra os seus adversários. Os que aborrecem ao Senhor se lhe submeteriam, e isto duraria para sempre. Eu o sustentaria com o trigo mais fino e o saciaria com o mel que escorre da rocha" (Salmos 81, 11-16). Tudo o que precisamos para ser abençoados é entregar a Ele todas as nossas causas. Pense nisso!

Mais um milagre em minha vida

O segredo da cura divina é ouvir com atenção!
E disse: Se ouvires atento a voz do Senhor teu Deus, e fizeres o que é reto diante de seus olhos, e inclinares os teus ouvidos aos seus mandamentos, e guardares todos os seus estatutos, nenhuma das enfermidades porei sobre ti, que pus sobre o Egito; porque eu sou o Senhor que te sara. (Êxodo 15, 20)

Fiquei viúva muito cedo, aos 43 anos. Perdi meu esposo para um câncer. Os dias que se seguiram foram bem difíceis para mim; mas eu sabia que Deus estaria comigo nessa jornada, nunca duvidei disso. O que muito me ajudou quando passei por aquele vale.

Lembra-se daquela passagem que diz: Um abismo chama outro abismo? Foi o que aconteceu comigo. Havia se passado pouco tempo desde a morte de meu esposo quando percebi um nódulo no seio. Se não fosse a minha fé, teria ficado desesperada. Quando contei para minha filha, ela ficou muito assustada e queria me levar ao médico imediatamente, mas eu a tranquilizei: não se preocupe comigo, filha, se eu tiver que ir ao médico, irei, mas primeiro vou ao meu médico por excelência, e Ele me mostrará o que devo fazer.

Então subi ao meu quarto, abri a Bíblia em Isaías 53, 4-5, dobrei os joelhos e li a mensagem de Deus: "Certamente, ele tomou sobre si as nossas enfermidades e as nossas dores levou sobre si; e nós o reputamos por aflito, ferido de Deus e oprimido. Mas ele foi traspassado pelas nossas iniquidades; o castigo que nos traz a paz estava sobre ele, e pelas suas pisaduras fomos sarados". Terminei a leitura e comecei a orar falando com Deus: "Senhor, essa palavra é sua, foi o Senhor quem afirmou isso, então, se sou tua serva e se o Senhor é comigo, vou levantar as mãos, e peço que o Senhor coloque tua unção sobre elas, depois vou tocar esse caroço, para que, segundo a sua Palavra, desapareça, em nome de Jesus. Amém!". Terminei a oração e voltei à minha rotina diária.

Tinham se passado alguns dias desde a oração quando de repente me lembrei do nódulo. Ao tocar a região, percebi que não doía mais. Subi ao meu quarto para examinar. Havia desaparecido. Glória a Deus! Esse é o Deus a quem eu sirvo. Sim, ele ouve nossa oração e faz com que sua palavra e suas promessas se cumpram na vida daqueles cujo coração é totalmente Dele. Que maravilha!

A degradação de Asa

Naquele tempo, veio Hanani a Asa, rei de Judá, e lhe disse: Porquanto confiaste no rei da Síria e não confiaste no Senhor, teu Deus, o exército do rei da Síria escapou das tuas mãos. Acaso, não foram os etíopes e os líbios grande exército, com muitíssimos carros e cavaleiros? Porém, tendo tu confiado no Senhor, ele os entregou nas tuas mãos. Porque, quanto ao Senhor, seus olhos passam por toda a terra, para mostrar-se forte para com aqueles cujo coração é totalmente dele; nisto procedeste loucamente; por isso, desde agora, haverá guerras contra ti. Porém Asa se indignou contra o vidente e o lançou no cárcere, no tronco, porque se enfureceu contra ele por causa disso; na mesma ocasião, oprimiu Asa alguns do povo. (2 Crônicas 16, 7-10)

Quando alguém se coloca na ladeira do desvio, logo se vê em um caminho que se afasta do de Deus. Assim aconteceu com o rei Asa; um passo na direção errada foi a causa do seu desastre.

Asa buscou ajuda no lugar errado. Em vez de pedir socorro ao rei da Síria, deveria ter pedido ao Rei do céu. Quem procura ajuda do homem é amaldiçoado (Jeremias 17, 5), mas quem busca ajuda no Senhor é abençoado. Como água numa jarra trincada, a ajuda do homem certamente escorrerá, enquanto a ajuda do Senhor é poderosa e verdadeira.

Asa contou com a ajuda da pessoa errada. Quantas vezes o ser humano acaba fazendo a mesma coisa. Quando precisa de ajuda, apoia-se em galhos quebrados, olhando para a aparência de grandeza de algumas pessoas que estão um pouco acima, na projeção de seus olhos turbados. Em sua miopia espiritual, não consegue enxergar o óbvio, então acaba caindo nessa velha pegadinha do inimigo de Deus.

Deus tinha falado anteriormente com Asa, dizendo: "O Senhor está convosco, enquanto vós estais com ele; se o buscardes, ele se deixará achar; porém se o deixardes, vos deixará" (2 Crônicas 15, 2). Asa não guardou essas palavras.

No começo, Asa fez algumas coisas boas no seu reinado, mas, quando se desviou dos propósitos de Deus, teve início a sua degradação. Um erro terrível que Asa cometeu foi tomar a prata e o ouro dos tesouros da casa do Senhor e enviar ao rei da Síria, para fazer aliança com ele; e a seguir continuou tomando várias atitudes erradas e desagradando muito a Deus.

Asa estava irado com o homem errado. Ele deveria ter se irado consigo mesmo. Em vez disso, ficou furioso com o profeta. Aqueles que estão equivocados são os primeiros a fazer coisas erradas. Ele deveria oprimir a si mesmo, reconhecendo seu erro, por meio de uma penitência e confissão sincera. Em vez disso, fez o papel de um tirano ao esmagar algumas pessoas. Mas como a própria Palavra nos fala: "Não vos enganeis: de Deus não se zomba; pois aquilo que o homem semear, isso mesmo também ceifará" (Gálatas 6, 7).

Quem semeia ventos, colhe tempestades. Foi o que aconteceu ao rei Asa, depois de sair da presença de Deus, indo por caminhos errados, no trigésimo nono ano de seu reinado, caiu Asa doente dos pés. A doença era extremamente grave; contudo, em sua enfermidade, não recorreu ao Senhor, preferiu confiar nos médicos. E assim morreu o rei Asa. Como vimos, não buscar o Senhor em primeiro lugar tornou-se um erro frequente na vida de Asa, que pena! Essa história de vida poderia ter tido um final feliz. Se podemos aprender com os erros dos outros, esse foi um alerta para sempre buscarmos ajuda em Deus quando tivermos qualquer dificuldade na vida.

Deus nos criou para dominar sobre a Terra

E disse Deus: Façamos o homem à nossa imagem, conforme a nossa semelhança; e domine sobre os peixes do mar, e sobre as aves dos céus, e sobre o gado, e sobre toda a terra, e sobre todo réptil que se move sobre a terra. E criou Deus o homem à sua imagem; a imagem de Deus o criou; macho e fêmea os criou. Deus os abençoou e Deus lhes disse: Frutificai e multiplicai-vos, e enchei a terra, e sujeitai-a; e dominai sobre os peixes do mar, e sobre as aves do céus, e sobre todo o animal que se move sobre a terra. (Gênesis 1, 26-28)

Ao criar o homem à sua imagem e semelhança, Deus deu a ele poder e autoridade sobre toda a terra; mas o homem, não sabendo valorizar o que Deus lhe deu, entregou ao diabo, sem perceber, esse domínio que lhe pertencia. Todavia, Cristo se manifestou para que pudéssemos novamente tomar posse daquilo que nos pertence desde a criação.

O homem, por meio do pecado, perdeu o domínio e, a partir de então, é dominado por vícios, medos, dúvidas, ódio, sentimentos facciosos, frieza, prostituição, pensamentos lascivos, e muitas outras coisas impostas pelo diabo. Aquilo que o homem não soube valorizar foi tomado pelo diabo, que agora oprime as pessoas e realiza as suas obras de roubo, morte e destruição. Jesus falou a esse respeito: "O ladrão não vem senão a roubar, a matar e a destruir; mas eu vim para que tenham vida, e a tenham em abundância" (João 10, 10).

É preciso entender, valorizar e assumir o que Jesus fez no Calvário, pois, com a sua morte e ressurreição, nos comprou para Deus e disse: "É me dado todo o poder no céu e na terra" (Mateus 28, 18). Se todo o poder, toda a autoridade e todo o domínio foram dados a Ele, então não restou nada para o diabo. Agora, sim, por meio de Cristo podemos retomar os direitos que Deus nos concedeu, desde o começo, quando criou o homem e todas as coisas.

Hoje, temos a natureza de Deus dentro de nós, pois, quando aceitamos Cristo em nossas vidas, despojamo-nos da velha natureza do pecado e tornamo-nos uma nova criatura em Deus, as coisas velhas passaram, e tudo se fez novo. Agora podemos tomar posse das promessas de Deus, e fazer obras extraordinárias. Nada, nem ninguém, poderá nos impedir. Sabe por quê? Porque foi Jesus mesmo que disse: "Na verdade, na verdade vos digo que aquele que crê em mim também fará as obras que eu faço e as fará maiores do que estas, porque eu vou para meu Pai. E tudo quanto pedires em meu nome, eu o farei, para que o Pai seja glorificado no Filho" (João 14, 12-13).

Quando entendermos que não estamos aqui por mero acaso, certamente entenderemos os propósitos de Deus para nossa vida. Portanto, cabe a você decidir qual será seu propósito nesta terra; dominar ou ser dominado? Pense nisso!

Quem confia em Deus é bem-sucedido

Assim diz o Senhor: Maldito o homem que confia no homem, faz da carne mortal o seu braço e aparta o seu coração do Senhor! Porque será como um arbusto solitário no deserto e não verá quando vier o bem; antes morará nos lugares secos do deserto, na terra salgada e inabitável. Bendito o homem que confia no Senhor e cuja esperança é o Senhor. Porque ele é como a árvore plantada junto às águas, que estende suas raízes para o ribeiro e não receia quando vem o calor, mas a sua folha fica verde; e no ano da sequidão não se perturba, nem deixa de dar fruto. (Jeremias 17, 5-8)

Temos aqui dois perfis de pessoas: as que confiam em Deus e as que confiam no homem. Mesmo sabendo que você tem de ser o melhor naquilo que faz, que precisa se profissionalizar, não parar no tempo, não confie apenas no seu currículo, no seu *know-how*, naquele padrinho que o indicou. Não confie em nada e nem em ninguém. Confie somente em Deus.

Há no mundo inteiro pessoas cheias de dívidas e com a vida totalmente destruída porque desviaram a sua confiança de Deus e confiaram no homem e na força do seu braço. A consequência

Com Deus é assim...

disso é um desastre atrás do outro. Deus mostra com uma riqueza de detalhes uma série de problemas que recai sobre quem faz isso, veja: "Porque será como o arbusto solitário no deserto e não verá quando vier o bem; antes, morará nos lugares secos do deserto, na terra salgada e inabitável" (Jeremias, 17, 6).

Você confiou numa pessoa; enquanto você estava bem, ela estava do seu lado, no momento que você precisou dela, ela lhe virou as costas, e você ficou como aquele arbusto solitário no deserto, no meio da seca, e ninguém se aproximou para ajudar. E, o pior de tudo, no meio do deserto não é possível enxergar as oportunidades que chegam, pois a solidão e o desespero cegam os olhos do entendimento.

Agora, vamos saber da boa notícia? Há uma grande diferença para aqueles que confiam no Senhor. Veja o paradoxo de quem confia no homem e daquele que confia em Deus. O que não confia em Deus mora num deserto, numa terra salgada e inabitável, mas aquele que confia em Deus é como a árvore plantada junto às águas, que estende as raízes para o ribeiro e não receia quando vem o calor. Suas folhas ficam verdes, e no ano da sequidão não se perturba nem deixa de dar frutos.

A água nesse texto simboliza a Palavra de Deus, uma fonte de água viva. Mas o que é confiar em Deus? É colocar a sua base, as suas raízes, a sua essência, a sua estrutura na água, no ribeiro, na Palavra de Deus. Quando isso acontece, pouco importa o que o homem fala ou deixa de falar. O homem fala de crise, a Palavra de Deus fala de vitória, o homem fala que é impossível, mas a Palavra fala que tudo é possível para aquele que crê, a medicina diz que não tem cura para o câncer, mas a Palavra diz que Deus é o Senhor que sara, o homem diz que agora não é tempo de investir, mas Deus diz: "Vai que eu sou contigo". Quem confia em Deus não está enraizado nos especialistas, nos economistas, nem na medicina, mas sim na Palavra de Deus, portanto é essa Palavra que dita as regras, na vida daquele que confia totalmente em Deus. Percebeu a diferença?

Não foi apenas o profeta Jeremias que Deus usou para falar sobre o poder dessa água, veja o que o salmista inspirado por Deus disse: "Bem-aventurado o homem que não anda nos conselhos dos ímpios, não se detém no caminho dos pecadores, nem se assenta na roda dos escarnecedores. Antes, o seu prazer está na lei do Senhor, e na sua lei medita de dia e de noite. Ele é como a árvore plantada junto à corrente das águas, que, no devido tempo, dá o seu fruto, e cuja folhagem não murcha; e tudo quanto ele faz será bem-sucedido" (Salmos 1, 1-3). O segredo de tudo é meditar sobre a Palavra de Deus e colocá-la em prática. Tome posse dessas promessas!

Vencendo o poder das trevas

Quanto ao mais, sede fortalecidos no Senhor e na força do seu poder. Revesti-vos de toda a armadura de Deus, para poderdes ficar firmes contra as ciladas do diabo; porque a nossa luta não é contra sangue e carne, e sim contra os principados e potestades, contra os dominadores deste mundo tenebroso, contra as forças espirituais do mal, nas regiões celestes. Portanto, tomai toda a armadura de Deus, para que possais resistir no dia mau e, depois de terdes vencido tudo, permanecer inabaláveis. (Efésios 6, 1-13)

Aos 12 anos de idade, eu aceitei Jesus em minha vida, amava a Deus sobre todas as coisas, mas só aprendi a repreender o mal, e a resistir ao inimigo, bem mais tarde.

Conforme fui crescendo espiritualmente, aprendi que posso repreender todo o mal que se levantar contra mim e contra minha família em relação a qualquer projeto de minha vida; mas, muitas vezes, fui afrontada de várias maneiras.

Quando eu cursava química, estudava à noite, e sempre chegava em casa por volta da meia-noite. Em geral, principalmente no inverno, meu esposo e meus filhos já estavam dormindo. Certa noite de sexta-feira, quando eu voltava para casa, a energia elétrica tinha sido interrompida e as ruas estavam imersas na escuridão. Quando desci do ônibus, a meia quadra de casa, fiquei apreensiva com aquele breu e apressei o passo.

Quando finalmente estava na frente de casa, meu coração quase parou. Tinha sido colocado na entrada da minha casa, bem em frente à porta, um enorme alguidar de barro, cheio de trabalhos de feitiçaria: velas acessas, bebidas, uma galinha morta, fitas vermelhas e mais algumas coisas de que nem me lembro. A cena, não fosse a minha fé em Cristo, teria sido apavorante.

Para entrar em casa, eu teria necessariamente que passar por aquela porta, pois na lateral havia um enorme portão, que era mantido fechado à chave. Olhando para tudo aquilo, fiquei pensando no que faria. Talvez não adiantasse chamar o esposo e as crianças, pois eles ainda não tinham uma fé tão forte quanto a minha, nem conheciam o poder de Deus. Decidi que eu mesma resolveria aquilo, e tiraria tudo dali. Comecei a orar e a clamar o nome de Jesus, então larguei a pasta do curso, peguei tudo aquilo com as mãos – era bem pesado – e fui andando rua afora. Dobrei a esquina e segui adiante, por mais ou menos meia quadra da outra rua. Se não tivesse sido trágico, teria sido cômico, eu andando em uma rua escura com um alguidar de feitiçaria. Felizmente, não havia ninguém na rua àquelas horas. Enquanto eu caminhava, ia dizendo pelo caminho: Em nome de Jesus, eu vou colocar isso fora e não vai me acontecer nada. Em nome de Jesus eu repreendo todo esse mal. Mais ou menos na metade da quadra havia uma grande vala. Eu cheguei bem pertinho e me livrei ali da miscelânea macabra, repetindo sempre: este mal está repreendido em nome de Jesus. Voltei para casa – sempre falando com Jesus –, entrei e fui tomar banho, pois precisava me sentir limpa. No dia seguinte, contei para o meu esposo o que ocorrera.

O resultado de eu ter pegado nas mãos e caminhado segurando tudo aquilo ao longo de uma rua escura foi que não me aconteceu nada. Absolutamente nada. Porque eu tinha repreendido todo o mal que estava ali, em nome de Jesus. Aquele trabalho possivelmente tinha sido feito para me destruir ou para prejudicar a minha família. Não tenho como saber. Mas o mal foi desfeito no momento que repreendi tudo aquilo em nome de Jesus. Aleluia!

Cuidado com o inimigo!

No Éden, o inimigo à Eva veio abordar
na forma de uma serpente
mentindo, a seduziu de repente
e ela, descuidada, tentava explicar

Desta árvore, não podemos comer
disse Eva para a serpente
Deus avisou bem a gente
se dela comer, vamos morrer.

Que nada! disse a serpente
Com certeza não morrerão
 e seus olhos, se abrirão de repente.

Então a tragédia aconteceu
Eva não resistiu, comeu daquela árvore
Depois chegou Adão e também comeu.

A natureza da fé

Porque, ainda dentro de pouco tempo, aquele que vem virá e não tardará; todavia, o meu justo viverá pela fé; e, se retroceder, nele não se compraz a minha alma. (Hebreus 10, 38)

Muitas pessoas se enganam quanto à natureza da fé mencionada na Palavra. Imaginam que a fé é para quase todo mundo, menos para elas mesmas. O clássico "só acredito vendo".

Há dois tipos de pessoas com as quais podemos nos identificar: as que creem e as que não creem; então eu pergunto: a Bíblia é verdadeira ou falsa? Se Deus é verdadeiro, e Ele o é, por que muitos vacilam em confiar em suas promessas? A fé genuína é aquela que traz à existência as coisas que não são como se já fossem. Veja: "Ora, a fé é a certeza de coisas que se esperam, a convicção de fatos que não se veem (Hebreus 11, 1). A fé é loucura para aqueles que se perdem na dúvida.

A fé de muitos é uma fé natural; eles acreditam naquilo que estão vendo. Se o céu escureceu, sabe-se que vai chover; mas esse tipo de fé não representa a Palavra de Deus. Com fé verdadeira, se o justo ora a Deus pedindo chuva, num tempo de céu claro e ensolarado, há muito tempo sem chover, ele sai de casa levando um guarda-chuva, em pleno sol, pois tem certeza de que vai chover. Isso é fé! Isso é trazer à existência aquilo que ainda não existe.

Creia na Palavra de Deus. Deus nos chamou para fazer a diferença nesta terra. Enquanto muitos se desesperam em conflitos, olhando os ventos contrários, achando que nunca chegarão a lugar algum, aqueles que confiam em Deus seguem seguros, conquistando seu espaço, tomando posse das infinitas promessas que estão disponíveis para todos os que creem em Deus. É preciso mergulhar em águas mais profundas, sair da borda, pois o segredo de Deus é revelado aos que mergulham profundamente, buscando o conhecimento do Todo-Poderoso. Quem não estiver submerso em Deus vai navegar nas águas do inimigo.

Para o necessitado, a Palavra diz: "A bênção do Senhor traz riqueza e não inclui dor alguma" (Provérbios 10, 22). Para o enfermo, a Palavra diz: "Eu sou o Senhor que te sara" (Êxodo 15, 26). Para os desanimados e sem esperança, Deus diz: "Seja forte e corajoso! Não se apavore nem desanime, pois o Senhor, o seu Deus, estará com você, por onde você andar" (Josué 1, 9). Para aquele que está no fundo do poço, enfrentando uma grande luta, há uma saída, a Palavra diz: "Os olhos do Senhor voltam-se para os justos e os seus ouvidos estão atentos ao seu grito de socorro" (Salmos 34, 15). Portanto, olhe só para o alto, de onde lhe virá o socorro.

Se você quer vencer na vida, seja uma pessoa de fé, seja uma pessoa diferente das outras, seja diligente, vá em frente, abrindo caminhos, colocando sempre sua fé em ação. No livro de I João 5, 4 está escrito: "Todo aquele que é nascido de Deus vence o mundo; e esta é a vitória que vence o mundo: a nossa fé". A fé transpõe todas as barreiras. Deus prova a nossa fé de muitas maneiras. Às vezes, quando oramos pela salvação de nossos familiares, parece que eles se afastam cada vez mais do Senhor. É preciso perseverar, sem olhar para aquilo que os olhos estão vendo. Satanás age porque sabe que Deus irá salvá-los. Orei anos pelo meu esposo, parecia que ele se distanciava cada vez mais, mas perseverei e ele aceitou o Senhor Jesus em sua vida, foi batizado nas águas, tomou sua primeira e última ceia no hospital, antes de partir para a eternidade.

Existem três passos para obter o milagre: ouvir, crer e obedecer. No livro de Mateus está escrito que Jesus estava andando sobre as águas e Pedro O viu, e então quis ir ter com Ele. Jesus disse: Vem, Pedro, e o milagre aconteceu. Pedro ouviu, creu e obedeceu. Pedro estava andando sobre as águas, mas avançou brevemente e logo perdeu o milagre. A palavra diz que o discípulo, vendo a força do vento, teve medo, então duvidou e afundou. Sempre que tiramos os olhos da Palavra para observar as circunstâncias ao redor, afundaremos com certeza. Portanto, para vencer qualquer dificuldade, precisamos perseverar firmemente, pois o justo viverá pela fé.

O orgulho e a estrela caída

Como caíste do céu, ó estrela da manhã, filho da alva! Como foste lançado por terra, tu que debilitavas as nações! Tu dizias no teu coração: Eu subirei ao céu; acima das estrelas de Deus exaltarei o meu trono e no monte da congregação me assentarei, nas extremidades do Norte; subirei acima das mais altas nuvens e serei semelhante ao Altíssimo. (Isaías 14, 12-14)

No princípio, as duas estrelas cantavam, Cristo e Lúcifer estavam juntos – Cristo, o filho de Deus, e Lúcifer, um querubim ungido do Senhor. Ele tinha sido estabelecido por Deus, e diz a palavra que toda pedra preciosa era a sua cobertura e estava no meio das pedras afogueadas – era perfeito e formoso.

No livro de Jó consta a pergunta: Onde estavas tu quando as estrelas da alva juntas alegremente cantavam? Então Lúcifer dizia em seu coração: Eu subirei ao céu, acima das estrelas de Deus, e exaltarei o meu trono. Subirei acima das mais altas nuvens e serei semelhante ao Altíssimo. Então a estrela caiu do céu, a filha da alva foi derribada pela soberba e pelo orgulho. Deus a derrubara.

Com Deus é assim...

Diz a Palavra de Deus que, por orgulho, Lúcifer foi expulso do céu, e uma terça parte dos anjos o seguira. Foram precipitados para o reino das trevas, no mais profundo abismo. São eles que fazem estremecer a terra e tremer os reinos com a sua maldade. Tornam as pessoas cativas, prisioneiras em suas jaulas mentais, destroem milhares de vidas. São os causadores das enfermidades, sugam toda a esperança e o sorriso do ser humano, e infelizmente todo aquele que não está firmado em Deus vai cair em suas garras.

Lares têm sido destruídos, o amor de muitos tem esfriado, a iniquidade tem aumentado, há violência em toda parte. Quem faz isso? Aquela estrela que caiu do céu. O mundo jaz no maligno. Portanto, é preciso estar atento se quiser vencer neste mundo. Precisamos da proteção de um Ser maior do que tudo isso – Cristo. Ele veio arrebatar os homens das mãos do inimigo e conseguiu isso morrendo por nós na Cruz do Calvário. "Para isso, o Filho de Deus se manifestou, para destruir as obras do diabo" (1 João 3, 8).

Precisamos andar na presença de Deus, obedecendo aos seus mandamentos, crendo nas suas promessas, pois somente assim poderemos fazer a diferença num mundo tão caótico como este em que vivemos. Veja 1 João 5, 18: "Sabemos que todo aquele que é nascido de Deus não vive em pecado; antes, aquele que nasceu de Deus, Deus o guarda, e o Maligno não lhe toca".

Portanto, não temeremos nada. Nós que temos Cristo como proteção poderemos fazer a diferença. Sim, mesmo sabendo de todas essas coisas, somos filhos de um Deus poderoso, por isso, onde colocarmos a planta do nosso pé, com certeza Deus nos entregará o domínio desse lugar. Ele nos fará assentar em lugares altos para nos mostrar a diferença do que ocorre com quem serve e com quem não serve a Deus. Fomos criados à semelhança de Deus para dominar esta terra, o inimigo perdeu essa batalha quando Cristo estava lá naquela cruz, há mais de 2.000 anos. Aleluia!

Renove a mente

E não vos conformeis com este século, mas transformai-vos pela renovação da vossa mente, para que experimenteis qual seja a boa, agradável e perfeita vontade de Deus. (Romanos 12, 2)

Não se conforme com este mundo, renove a mente. Não podemos viver as maravilhas da nova criatura, gerada por Deus, com os mesmos e velhos pensamentos.

Se você quer mudanças na vida e deseja dias melhores, mas nada do que tem feito parece funcionar, então pare de fazê-lo; mude os pensamentos. Quando se almeja mudanças na vida, é preciso mover-se nessa direção. Você pode ficar sentado numa cadeira de balanço o dia inteiro, vai estar ocupado, mas isso não o levará a lugar algum. É preciso despojar-se do velho homem e revestir-se do novo, criado segundo Deus.

No sentido de que, quanto ao trato passado, vos despojeis do velho homem, que se corrompe segundo as concupiscências do engano, e vos renoveis no espírito do vosso entendimento, e vos revistais do novo homem, criado segundo Deus, em justiça e retidão procedentes da verdade (Efésios 4, 22-24). Não importa o que você já tenha vivido, agora tem uma nova natureza. Deus habita dentro de você, então nada mais pode impedi-lo de ser uma pessoa bem-sucedida.

Por falta de conhecimento das Escrituras, muitos cristãos vivem uma vida derrotada. São escravos de memórias antigas, de um tempo em que nada de bom acontecia; mas, agora, eis que tudo se fez novo, e Deus lhe deu as habilidades de que você precisa para conquistar novos caminhos, bem como o poder do pensamento correto. Se você não espera nada, nada é o que vai acontecer; mas se você determinar que vão acontecer coisas grandiosas em sua vida, coisas grandiosas acontecerão. Agora você tem novos propósitos de vida, a qual Deus transformou para que você faça a diferença neste mundo.

Deus lhe deu algo para fazer? Levante-se e vá trabalhar. Abra seu espaço. Uma inspiração brotará em você. Isso vem de Deus, portanto mantenha a mente firme e siga em frente. Prepare-se para enfrentar os obstáculos que certamente o inimigo colocará em seu caminho para desanimá-lo. Você tem um inimigo, nunca se esqueça disso, e se lhe der ouvidos, a derrota é certa. Aprenda a enfrentá-lo dizendo: Você não tem mais autoridade alguma sobre minha vida, sobre meus projetos, Deus está comigo.

Para conquistar algo grande, você terá de ser corajoso e se revestir da armadura de Deus. "Lançando sobre ele toda a vossa ansiedade, porque ele tem cuidado de vós" (I Pedro 5, 7). Portanto, agora você não está mais sozinho, Deus está cuidando de tudo para você; então seja grato o tempo todo, pois é Ele que vence todas as suas batalhas e lhe abre todas as portas.

O verbo se fez carne

No princípio, era o Verbo, e o Verbo estava com Deus, e o Verbo era Deus. Ele estava no princípio com Deus, e sem ele nada do que foi feito se fez. Nele estava a vida, e a vida era a luz dos homens. E a luz resplandece nas trevas, e as trevas não a compreenderam. (João 1, 1-5)

João começa seu Evangelho chamando Jesus de "o Verbo". Mediante esse título de Cristo, João o apresenta como a Palavra de Deus personificada e declara que nestes últimos dias Deus nos falou através de seu Filho. As Escrituras declaram que Jesus Cristo é a sabedoria multiforme de Deus, e a perfeita revelação da natureza e da pessoa de Deus.

Assim como as palavras de um homem revelam seu coração e sua mente, assim também Cristo, como o "Verbo", revela o coração e a mente de Deus. "A Palavra de Deus permanece firme nos céus" (Salmos 119, 89); não é, porém, estática; é dinâmica e poderosa, pois realiza grandes obras. Segundo a narrativa da criação, as coisas vieram a existir à medida que Deus falava a sua palavra. Tal fato é resumido pelo salmista: "Pela Palavra do Senhor foram feitos os céus; e todo o exército deles, pelo espírito de sua boca" (Salmos 33, 6).

A Palavra de Deus tem o poder de conceder vida nova. Pedro testifica que nascemos de novo pela Palavra de Deus, viva e que "permanece para sempre" (I Pedro 1, 23), por essa razão Jesus é chamado o "Verbo". João nos apresenta três características principais de Jesus como o "Verbo".

– Cristo preexistia "com Deus" antes da criação do mundo. Ele era uma pessoa existente desde a eternidade, distinto de Deus, mas em eterna comunhão com Ele. Cristo era Divino ("o Verbo era Deus"), e tinha a mesma natureza do Pai.

– Relacionamento entre o Verbo e o mundo. Foi por intermédio de Cristo que Deus Pai criou o mundo e o sustenta, veja: "A quem constituiu herdeiro de tudo, por quem também fez o mundo" (Hebreus 1, 2).

– O relacionamento entre o Verbo e a humanidade. "E o Verbo se fez carne". Em Jesus, Deus tornou-se um ser humano com a mesma natureza do homem, mas sem pecado.

Cristo não foi criado; Ele é eterno, sempre existiu, sempre esteve em comunhão com o Pai e com o Espírito Santo. Veja: "E ouviu-se uma voz dos céus, que dizia: Tu és o meu Filho amado, em quem me comprazo" (Marcos 1, 11). Toda a Trindade, e não apenas o Pai, desempenhou sua parte na criação. O próprio Filho é a Palavra poderosa por meio da qual Deus criou todas as coisas. O apóstolo Paulo afirma que, por Cristo, "foram criadas todas as coisas que há nos céus e na terra, visíveis e invisíveis [...]. Tudo foi criado por Ele e para Ele" (Colossenses 1, 16). Finalmente, o autor do livro de Hebreus afirma que Deus fez o universo por meio de seu Filho (Hebreus 1, 2).

Cristo é a Videira verdadeira, veja: "Eu sou a Videira verdadeira, e meu Pai é o lavrador. Toda a vara em mim que não dá fruto, a tira; e limpa toda aquela que dá fruto, para que dê mais fruto. Vós já estais limpos pela palavra que vos tenho falado. Estai em mim, e eu em vós; como a vara de si mesmo não pode dar fruto se não estiver na videira, assim também vós, se não estiverdes em mim. Eu sou a videira, vós, as varas; quem está em mim, e eu nele, este dá muito fruto, porque sem mim nada podeis fazer" (João 15, 1-5). Concluindo, somos as varas da Videira; logo, a mesma seiva que está na videira também percorre as varas. Percebeu a força e o poder que temos em pertencer a Cristo? Pense nisso!

As bênçãos dos obedientes

Se atentamente ouvires a voz do Senhor, teu Deus, tendo o cuidado de guardar todos os teus mandamentos que hoje te ordeno, o Senhor, teu Deus, te exaltará sobre todas as nações da terra. (Deuteronômio 28, 1)

Essa promessa foi dada por Deus para todos os seus filhos, cujo coração é totalmente Dele, e obedecem aos seus mandamentos.

Moisés exortou o povo à obediência dizendo: "Hoje, o Senhor, teu Deus, te manda cumprir estes estatutos e juízos; guarda-os, pois, e cumpre-os de todo o teu coração e de toda a tua alma" (Deuteronômio 26, 16), e em seguida ele começa a relacionar os benefícios da obediência: "Se ouvires a voz do Senhor, teu Deus, virão sobre ti e te alcançarão todas estas bênçãos: Bendito serás tu na cidade e bendito serás no campo. Bendito o fruto do teu ventre, e o fruto da tua terra, e o fruto dos teus animais, e as crias das tuas vacas e das tuas ovelhas. Bendito o teu cesto e a tua amassadeira. Bendito será ao entrares e bendito, ao saíres. O Senhor fará que sejam derrotados na tua presença os inimigos que se levantarem contra ti; por um caminho, sairão contra ti, mas, por sete caminhos, fugirão da tua presença" (Deuteronômio 28, 2-7). As bênçãos, na verdade, são muitas. Se continuar lendo até o versículo 14, verá quantas maravilhas estão reservadas para aqueles que temem a Deus, e o obedecem.

Quão maravilhosas são essas promessas, e saber que tudo isso está à nossa disposição, basta apenas ser obediente e ter intimidade com Deus. Falando em intimidade, um bom exemplo sempre será Moisés, com quem o Senhor falou face a face, como qualquer um fala com um amigo. Quando o povo pecou, fazendo para si deuses de ouro, Moisés lhe disse: "Agora, pois, perdoa-lhe o pecado; senão, risca-me, peço-te, do livro que escreveste (Êxodo 32, 32). Somente tendo grande intimidade com Deus para tamanha ousadia, não é mesmo?

Todas essas bênçãos estão reservadas para aqueles que saíram da superfície e mergulharam nas profundezas desse segredo chamado intimidade e obediência. Muitos não conseguem entender as coisas espirituais por lhes faltar o conhecimento das escrituras: "O meu povo foi destruído por falta de conhecimento" (Oséias 4, 6). Para prosperar, é preciso crescer na graça e no conhecimento.

Portando, cabe a nós escolher o caminho certo. Usando a fé com determinação, seremos vitoriosos em tudo em que colocarmos as mãos. Em Isaías 1, 19 está escrito: "Se vós estiverdes dispostos a obedecer, comereis os melhores frutos desta terra". Tome posse!

O amor pode curar o mundo

> *Mestre, qual é o grande mandamento da lei? E Jesus disse-lhe: Amarás o Senhor, teu Deus, de todo o teu coração, e de toda a tua alma, e de todo o teu pensamento. Este é o primeiro e grande mandamento. E o segundo, semelhante a este, é: Amarás o teu próximo como a ti mesmo. Desses dois mandamentos dependem toda a lei e os profetas. (Mateus 22, 36-40)*

Nosso mundo está enfermo, mas a crise atual entre as nações é, sem dúvida, a consequência de atitudes e desequilíbrios cometidos por uma humanidade sem Deus, movidos pelo medo, pela ganância, pela desobediência e pela falta de conhecimento das Escrituras; contudo, Deus nos aponta um caminho – o Amor.

O amor é o vínculo da perfeição e o cumprimento das leis de Deus. "Sobre tudo isso revesti-vos do amor, que é o vínculo da perfeição" (Colossenses 3, 14). O amor não faz mal ao próximo, de sorte que o cumprimento da lei é o amor. O amor é o maior de todos os mandamentos.

Jesus resumiu os dez mandamentos nos dois mandamentos que vimos descrito em Mateus 22, 36-40. Amar a Deus de todo o coração e amar ao nosso próximo como a nós mesmos. Deus foi nosso maior exemplo de amor, dando seu próprio Filho para morrer por nós naquela cruz. Deus é amor. Devemos amar a Deus e aos nossos irmãos. "Se alguém diz: eu amo a Deus, mas aborrece seu irmão, é mentiroso. Pois quem não ama seu irmão, ao qual viu, como pode amar a Deus, a quem não viu? E dele temos este mandamento: que quem ama a Deus, ame também seu irmão" (I João 4, 20-21).

Por causa do aumento da iniquidade, o amor de muitos tem-se esfriado. Isso tem acontecido desde o começo de tudo, por gerações, mas, nos últimos tempos, tem sido visível a corrupção da humanidade. Essa embriaguez desmedida tem levado o mundo a sofrer grandes catástrofes: epidemias, pragas, terremotos, acidentes na terra, no mar e no céu. A humanidade clama pela cura, mas o Dono dos céus exige um conserto urgente.

Milhares de pessoas têm morrido em decorrência de epidemias, doenças para as quais a Medicina não tem uma resposta; acidentes com aviões no ar, navios no mar, transportes terrestres; violência, assassinatos e suicídios. Outros estão com tanto medo de tudo isso que já desanimaram, desistiram da vida. Quem ama não deve ter medo, pois, conforme está escrito: "No amor, não há temor; antes o perfeito amor lança fora o temor; porque o temor tem consigo a pena, e o que teme não é perfeito em amor" (I João 4, 18).

Precisamos começar a praticar o amor para criar um mundo melhor, onde não haja medo e as pessoas se importem com o semelhante, ajudando, apontando caminhos, abrindo novos espaços, repartindo com os necessitados o que recebem de Deus, espalhando ao mundo o que têm aprendido, sem julgar nem condenar. Pois julgar compete a Deus. A nós compete amar a todos. Essa atitude com certeza vai tirar muitos meninos das ruas, futuros delinquentes, e transformá-los em homens de bem.

Então, simplesmente, ame! Esse é o mais importante mandamento de Deus. Por meio dele o mundo tem sido salvo e a vontade de Deus tem sido realizada. Ajude a curar o mundo!

Sorria sempre

Sorria sempre
mesmo que seu sorriso seja triste.
Mais triste que um sorriso triste
é a tristeza de não saber sorrir.

Sorria, pelo sol que abriu
pelo coração que transbordou
pelo mérito que restou
pela vitória que conquistou.

Quando olho à minha volta,
vendo tanta falsidade e *fake news*,
logo percebo: o amor está em falta.

Então, levo minha vida a cantar.
Confiando sempre em Deus, eu digo,
melhor sorrir do que chorar.

Lute, até vencer a crise

Disse este: Deixa-me ir, pois já rompeu o dia. Respondeu Jacó: Não te deixarei ir se não me abençoares. Perguntou-lhe, pois: Como te chamas? Ele respondeu: Jacó. Então disse: Já não te chamarás Jacó, e sim Israel, pois como príncipe lutaste com Deus e com os homens e prevaleceste.
(Gênesis 32, 26-28)

Crise é normal, o que não é normal é viver enfiado nela. Desperte, enfrente-a. A crise só assume grandes proporções porque você não a enfrenta. Jacó vivia fugindo, a vida toda, com medo do irmão. Muitos atualmente vivem correndo, com medo de tantas coisas. Jacó tinha um Isaú correndo atrás dele, talvez você também tenha alguém, ou alguma coisa, correndo atrás de você para o assustar, para tirar sua paz. Quem sabe se, no seu caso, o inimigo tem usado a derrota financeira, um problema familiar ou mesmo um problema de saúde. Não sei o que o atormenta, mas, se você não aguenta mais ter de estar sempre fugindo dos problemas, pare um pouco e dê um basta.

Jacó estava num beco sem saída. Jurado de morte pelo irmão Isaú, ficou sabendo, por mensageiros, que o irmão vinha ao seu encontro, trazendo consigo quatrocentos homens. Então Jacó teve medo e se perturbou. Tentou aplacar a fúria do irmão enviando presentes, cabras, bodes, ovelhas e carneiros, vacas, touros e jumentas; entregou nas mãos de seus servos cada rebanho, mas ficou aquela noite no acampamento.

É interessante que essa história se repete na vida de muitos. No auge do desespero, é comum tentar resolver questões difíceis dando o famoso "jeitinho", na força do braço, ou mesmo achando que dinheiro pode resolver tudo. Dinheiro é bom e útil, quando vem acompanhado da bênção de Deus, mas, sem a presença de Deus, não faz milagre. Então Jacó percebeu finalmente que somente Deus poderia livrá-lo da morte. Levantou-se naquela noite e transpôs o vau de Jaboque.

Jacó tomou suas mulheres, suas servas, seus filhos e tudo o que lhe pertencia e fez passar o ribeiro. Voltou e ficou a sós com Deus. Agora ia entrar numa batalha com Deus, era tudo ou nada, ele sabia que, se perdesse, seria um homem morto. Ficando ele só, lutou com ele um homem até o romper do dia. Vendo este que não podia com ele, tocou na articulação da coxa de Jacó, na luta com o homem. Disse este: Deixa-me ir, pois já rompeu o dia. Respondeu Jacó: Não te deixarei ir se não me abençoares. Perguntou-lhe: como te chamas? Ele respondeu: Jacó. Então disse: Já não te chamarás Jacó, e sim Israel, pois como príncipe lutaste com Deus e com os homens e prevaleceste, e o abençoou ali.

Nessa palavra, Deus nos mostra o caminho, as estratégias de guerra para vencer qualquer tipo de crise. Quando estamos num beco sem saída, somente Deus pode nos tirar de lá. Foi assim que Jacó venceu a crise. Na continuação desse trecho da palavra, Deus nos mostra que o encontro dele com Isaú foi uma bênção. Deus mudou o coração de Isaú, limpou-o de todo aquele ódio, e quando os irmãos se encontraram, abraçaram-se, beijaram-se e choraram. Não sei qual crise você pode estar atravessando, mas não importa, eu creio que você aprendeu, não é mesmo? Então, desperte! Enfrente! Entre na batalha, até que a crise seja apenas um obstáculo transposto.

O obstáculo que impede o seu sucesso

O meu povo foi destruído, porque lhe faltou o conhecimento.
(Oséias 1, 5)

O fracasso do povo cristão me deixa muito triste. Eu me recuso a aceitar a infelicidade, a doença e a dor. A maior parte disso poderia ser evitada pelo reconhecimento e pela obediência à Palavra de Deus. Muitas coisas poderiam ser transformadas em pontes para o sucesso se as pessoas soubessem como reagir e enfrentar cada situação.

Uma pessoa que se recusa a aprender demonstra indisposição para mudar de vida. Imagine um advogado que se recuse a ler as novas leis e a atualizar seus conhecimentos. Você optaria por um cirurgião que não está familiarizado com as tecnologias médicas mais recentes? O mesmo acontece com o povo cristão que não lê, não estuda e não pratica a Palavra de Deus.

E, "se clamares por entendimento, e por inteligência alçares a tua voz, se como a prata a buscares e como a tesouros escondidos a procurares, então entenderás o temor do Senhor e acharás o conhecimento de Deus" (Provérbios 2, 3-5). Homens de Deus bem-sucedidos estão compartilhando conosco as suas experiências de fé, de prosperidade financeira, princípios de sucesso para um casamento feliz e em outras áreas da vida, porque aprenderam a manejar bem as Escrituras Sagradas, o manual de vida mais completo que existe no mundo.

Você é aquilo que decidiu ser. Se está insatisfeito consigo mesmo, ouse buscar novas informações, novos conhecimentos. Invista em livros e cursos, pois sua mente merece expandir-se. Não leve a mente à falência! Não mate o coração de fome! Ele precisa desesperadamente de alimento. Ouse aceitar mudanças. Aprenda a ouvir novas ideias e novos conceitos. Deus pode querer lhe dar um novo emprego, quem sabe, em outra cidade, onde você vai crescer.

Deus falou a Josué: "Não cesse de falar deste Livro da Lei; antes, medita nele dia e noite, para que tenhas cuidado de fazer segundo tudo quanto nele está escrito; então, farás prosperar o teu caminho e serás bem-sucedido" (Josué 1, 8). Você será uma pessoa bem-sucedida quando buscar o conhecimento de Deus.

Os benefícios da sabedoria

Feliz o homem que acha sabedoria, e o homem que adquire conhecimento; porque melhor é o lucro que ela dá do que o da prata, e melhor a sua renda do que o ouro mais fino. Mais preciosa é do que pérolas, e tudo o que se pode desejar não é comparável a ela. O alongar-se da vida está na sua mão direita, na sua esquerda, riquezas e honra. Os seus caminhos são caminhos deliciosos, e todas as suas veredas, paz. É árvore de vida para os que a alcançam, e felizes são todos os que a retém. (Provérbios 3, 13-18)

Os segredos que encontrei nas Escrituras funcionaram para mim. Eles têm multiplicado a minha fé e minha alegria por mil. Funcionaram também para Salomão, pois ele não pediu outra coisa a não ser sabedoria, e Deus se alegrou tanto com ele que o tornou o homem mais sábio daquele tempo e também o mais próspero. Espero que você descubra esses segredos também, pois são vitais para conseguir avançar, e seja mais feliz do que jamais foi. É tempo de aprender a desfrutar dessa sabedoria para vencer. Você merece, e Deus lhe reservou isso.

Você pode pertencer a uma Igreja e se considerar um religioso, mas, sem o conhecimento revelado nas Escrituras, viverá contínuos períodos de frustração. A sabedoria que vem de Deus é uma necessidade para situações que surgem no dia a dia. Você não se sente vazio às vezes? Como um grande mar que recebe a água dos rios: dinheiro, prazeres, sucesso, trabalho, drogas, festas... Mas nada disso preenche o vazio.

Enquanto você não tiver uma experiência com Cristo, o Filho de Deus, terá sempre um grande sentimento de vazio e solidão, uma sensação de que falta algo em sua vida. Mesmo aquela promoção no emprego, que você tanto esperava, ou uma excelente situação financeira, servirão apenas para aumentar o vazio em vez de preenchê-lo. Deus não criaria um mundo onde Ele não fosse necessário.

Deus nos quer dependentes dele. Ele é o maior interessado em que sejamos vencedores em todos os nossos projetos, em casa, na família; mas, para isso, precisamos colocar em prática seus ensinamentos e desfrutar da Sabedoria que Ele nos deu. Veja: "Com a sabedoria edifica-se a casa, e com inteligência ela se firma; pelo conhecimento se encherão as câmeras de toda sorte de bens preciosos e deleitáveis" (Provérbios 24, 3-4).

Nossos objetivos devem ser dirigidos pelo Senhor. Antes de realizar qualquer coisa, consulte Deus. Atente-se para os sinais. Ouça o Espírito Santo. Avalie. Evite desperdiçar tempo. Rejeite atitudes que produzam dúvida e derrota. Expresse esperança e confiança em Deus. A sabedoria é a capacidade de interpretar uma situação aos olhos de Deus. Sabedoria é ver o que Deus vê. Entendimento

Com Deus é assim...

e sabedoria são as chaves de ouro para vencer todas as batalhas na vida, e você os adquire por meio do estudo da Palavra. "A exposição das tuas palavras dá luz e dá entendimento aos símplices" (Salmos 119, 130). Visualize-se conquistando seu objetivo. A sabedoria vai transformar em realidade aquilo que se passa em sua mente. Seja sábio. Declare a sua vitória!

O poder sobrenatural de Deus a nosso favor

Em verdade, em verdade vos digo que aquele que crê em mim fará também as obras que eu faço e outras maiores fará, porque eu vou para junto do Pai. E tudo quanto pedirdes em meu nome, isso farei, a fim de que o Pai seja glorificado no Filho. (João 14, 12-13)

Sempre que meditamos na Palavra de Deus, ficamos estarrecidos com tantos milagres que ela nos mostra: Daniel na cova dos leões, Sadraque, Mesaque e Abede-Nego na fornalha de fogo ardente, Elias e os profetas de Baal, a abertura do Mar Vermelho, para passar o povo de Deus, a maneira que Deus sustentou o povo no deserto por quarenta anos; as roupas e os calçados não envelheciam, os pés das crianças cresciam e os calçados também cresciam. Deus fez todos esses milagres e uma infinidade de outros, tantos que seria impossível relacioná-los aqui, seriam necessários muitos livros. No Novo Testamento, Jesus curou muitos enfermos, paralíticos, cegos, ressuscitou mortos e com cinco pães e dois peixes alimentou uma multidão de mais de cinco mil pessoas.

Mas por que resolvi citar alguns milagres da Bíblia? Para lhe dizer que esses milagres ainda acontecem atualmente em nossa vida.

Com Deus é assim...

Há quem ache que milagres só aconteciam no passado. Mas veja o que Jesus falou, conforme o texto citado, "Aquele que crê em mim, fará as mesmas obras que eu faço e outras maiores". Eu pergunto então: porventura o Deus a que servimos hoje é outro Deus ou é o mesmo Deus da Bíblia? Com certeza é o mesmo Deus, aquele que criou todas as coisas, o mesmo que abriu o Mar Vermelho, e é o mesmo Deus ao qual eu sirvo; logo, posso presenciar grandes milagres em minha vida também.

    Como vocês já sabem, perdi meu esposo muito cedo. Fiquei seis anos viúva, e então me casei novamente. Deus tinha colocado alguém muito especial em minha vida. Havia duas casas no terreno em que morávamos, e anteriormente tínhamos alugado a casa ao lado. Reformamos a casa em que íamos morar, mas a inquilina se recusava a entregar a casa dela. Tivemos de travar uma batalha de oração por essa causa.

    Ela recebia muita gente em casa. Não se deve julgar as pessoas, isso só compete a Deus, mas eu não estava gostando nada daquele entra e sai no meu pátio, não tínhamos a nossa tão almejada privacidade. Eu disse ao meu esposo que precisávamos tomar uma providência e separar o pátio, enquanto a inquilina não entregasse a casa; pedi que fizesse um muro, colocasse uma grade, separasse o terreno de alguma maneira. Então ele me disse que não poderia fazer isso, pois queria que ela nos entregasse a casa. Sem alternativa, eu disse: "Deixa comigo. Deus vai resolver isso".

    A porta dos fundos da casa em que ela morava dava para o meu pátio, e ficava bem em frente à minha porta da cozinha. Eles saíam muitas vezes por ali, tinham acesso livre ao pátio. Então comecei minha jornada de oração: Senhor meu Deus, eu preciso que o Senhor feche aquela porta dos fundos da casa de nossa inquilina, feche por dentro e por fora, de tal modo que nunca mais possam abri-la. Orei com fé. Nos dias seguintes, percebi que eles não abriam mais aquela porta, passaram a sair pela outra. Passou-se alguns meses e ela foi trabalhar em uma cidade do interior, mas deixou a casa ocupada com os móveis. Certo dia, vieram uns amigos dela com as chaves da casa dizendo que ela lhes vendera uma geladeira e perguntaram se poderiam passar com a geladeira pela porta dos fundos, pois seria mais fácil a retirada. Vieram com as chaves da porta, mas a porta não abriu, de maneira alguma. Eles tentaram por horas e não conseguiram. Deus tinha fechado aquela porta para mim, lembra? Acabaram retirando a geladeira pela porta da frente. Depois de algum tempo, ela finalmente entregou a casa, então meu esposo começou a reformá-la. Quando tentou abrir a porta dos fundos, não conseguiu de jeito nenhum, a única maneira foi arrancar aquela porta com batente, guarnição, tudo. A porta que Deus fecha, ninguém abre! Esse é o Deus ao qual eu sirvo, o mesmo Deus da Bíblia. Ele tem todo o poder para realizar qualquer milagre. Apenas não duvide!

Ensina a criança. Já na frente, colherás os frutos

Não retires da criança a disciplina, pois, se a fustigares com a vara, não morrerá. Tu a fustigarás com a vara e livrarás a sua alma do inferno. Filho meu, se o teu coração for sábio, alegrar-se-á também o meu; exultará o meu íntimo, quando os teus lábios falarem coisas retas. Não tenhas no teu coração inveja dos pecadores; antes, no temor do Senhor perseverarás todo dia. Porque deveras haverá bom futuro; não será frustrada a tua esperança. (Provérbios 23, 13-18)

Uma família bem estruturada é o maior tesouro da vida humana, quando companheirismo, respeito mútuo e vida em comum íntegra podem ser percebidos na vida do casal e no relacionamento com os filhos. O lar que fugir a esses princípios não merece esse nome. Ele é, no máximo, um ajuntamento de pessoas que não se entendem, apenas vivem sob o mesmo teto. Nada mais.

Atualmente, há muitos valores sendo terrivelmente invertidos, e é quase uma batalha poder educar os filhos à luz da Palavra de Deus. Ensinar os filhos a serem dignos, honestos, praticantes do bem e da verdade. Amar e respeitar o próximo, não furtar, não cobiçar as coisas alheias e os demais mandamentos de Deus.

Eu tenho dois filhos, que já são adultos, casados e pais de família. Quando eram pequenos, eu os ensinei, com amor, mas também com disciplina. E valeu muito a pena.

Hoje tenho orgulho deles, das pessoas que se tornaram. Esse é o maior prêmio da boa educação. Mas não foi fácil, muitas vezes tive de ser forte, e disciplinar, pois a natureza humana tem uma terrível tendência para as coisas erradas, e se não tivermos as rédeas da situação, nunca poderemos transformar nossas crianças em pessoas do bem.

Não sou a favor de violência, nunca espanquei meus filhos, mas, às vezes, os deixava de castigo, quando era necessário. Os dois precisaram de uma intervenção. Certo dia, peguei meu filho, na época com mais ou menos 6 anos de idade, brincando no pátio com um carrinho novo. Estranhei, pois aquele brinquedo não era dele, então perguntei de onde tinha conseguido aquele carrinho. Ele respondeu: "Ah, mãe, foi meu amigo Xandinho que me deu." Peguei-o pela mão e disse que iríamos tirar aquela história a limpo. Ele começou a chorar muito e logo percebi que tinha algo errado na história. Chegando à casa da vizinha, ela disse que aquele carrinho era um presente que Xandinho ganhara do padrinho. Então eu o repreendi, na presença da nossa vizinha, fiz ele pedir desculpas e devolver o carrinho ao seu dono. De volta para casa, sentei com ele e lhe falei que aquilo que ele tinha feito era algo muito errado, que roubar é pecado e nos afasta de Deus. Como resultado, meu filho se lembra da história até hoje, e aprendeu a lição. Sua vida é um exemplo de honestidade. Agradeço a Deus por essa vitória.

Em outra ocasião, foi minha filha que aprontou. Quando ela tinha uns 7 anos, me pediu um tubo de cola para fazer uma pandorga. Como eu estava muito ocupada, disse a ela que pedisse ao pai, que ele compraria. Pouco tempo depois, meu esposo nem tinha chegado ainda, minha filha estava no pátio colando uma pandorga de papel, com um tubo de cola novo. Já imaginei que tinha coisa errada. Cheguei perto dela e perguntei onde tinha conseguido a cola. Ela disse: "Ah!, mãe, foi a Loiva que me deu". Loiva era a dona de um barzinho do lado de casa. Eu disse: "Vamos tirar essa história a limpo". Peguei-a pela mão e fomos até o estabelecimento. No bar, perguntei a Loiva se ela tinha dado a cola para minha filha. A vizinha disse que não, que ela devia ter pegado de cima do balcão, e me pediu que não a castigasse. Fiz ela pedir desculpas. Paguei pelo tubo de cola. De volta para casa precisei conversar com ela demoradamente, explicando que aquilo que ela fizera era algo muito feio, errado, pois roubar é pecado perante Deus e os homens. Ela me prometeu que nunca mais faria aquilo. Meus filhos aprenderam a nunca pegar nada de ninguém. Hoje eles podem influenciar pelo exemplo. "Ensina a criança no caminho em que deve andar, e, ainda quando for velho, não se desviará dele" (Provérbios 22, 6).

Há muitos casos de pessoas que roubam, tomam posse de bens alheios. Eles fazem isso porque os pais não os ensinaram quando eram pequenos. Vejo alguns pais que, na ignorância, acham graça quando os filhos furtam algo, e levam na brincadeira, sem saber que no futuro colherão os amargos frutos da decepção de ver um filho atrás das grades. Veja o que diz a Palavra de Deus: Ai daquele que ajunta em sua casa bens mal adquiridos, para por em lugar alto o seu ninho, a fim de livrar-se das garras do mal! Vergonha maquinaste para tua casa; destruindo tu a muitos povos, pecaste contra a tua alma. Porque a pedra clamará da parede, e a trave lhe responderá do madeiramento (Habacuque 2,9-11). O roubo se torna uma maldição na vida de quem o pratica. Ensine isso para seus filhos e eles serão para sempre protegidos e abençoados; e, com certeza, irão influenciar a muitos povos pelo bom exemplo.

Apesar da beleza da vida, as pessoas não cuidam dela como deveriam. Muitos adultos só percebem o quanto são infelizes e ansiosos quando perdem aqueles que mais amam, e os jovens percebem que são frustrados quando olham para trás e veem sonhos e projetos destruídos, mas sempre existe uma porta de emergência nesses casos. Veja isto: "Quando eu era filho em companhia de meu pai, tenro e único diante de minha mãe, então, ele me ensinava e me dizia: Retenha o teu coração as minhas palavras; guarda os meus mandamentos e vive. Adquire a sabedoria, adquire o entendimento e não te esqueças das palavras da minha boca, nem delas te apartes. Não desampares a sabedoria, e ela te guardará; ama-a, e ela te protegerá. O princípio da sabedoria é: Adquire a sabedoria; sim, com tudo que possuis, adquire o entendimento. Estima-a, e ela te exaltará; se a abraçares, ela te honrará; dará a tua cabeça um diadema de graça e uma coroa de glória te entregará. Ouve, filho meu, e aceita as minhas palavras, e se multiplicarão os anos de tua vida" (Provérbios 4, 3-10). Esses são os frutos da sabedoria; eles são os responsáveis pela nossa paz, nossa saúde, nossa prosperidade. Vale a pena produzi-los. Pense nisso!

Os dois caminhos

Entrai pela porta estreita (larga é a porta, e espaçoso, o caminho que conduz para a perdição, e são muitos os que entram por ela), porque estreita é a porta, e apertado o caminho que conduz para a vida, e são poucos os que acertam com ela. (Mateus 7, 13-14)

O Senhor Jesus Cristo lançou mão de uma linguagem simbólica para nos falar sobre dois caminhos que marcam a trajetória de todo ser humano: o da porta larga e o da porta estreita, e cada um de nós entrará por uma dessas portas, e encontrará o seu destino: a perdição ou a salvação.

É importante lembrar que Jesus não impôs em momento algum o caminho que devemos seguir. Ele apenas apresentou os dois caminhos e nos deu livre-arbítrio para fazer a escolha. Quando começamos uma viagem para algum lugar que não conhecemos, averiguamos primeiro a direção. Então, iniciamos a jornada, com os olhos bem abertos, e se notamos que estamos no caminho errado, damos meia-volta e procuramos o caminho correto.

Em todos os dias da nossa vida, você e eu viajamos por este mundo em direção à Eternidade, para um destino que nunca terá fim e que não se pode mudar, uma vez que cheguemos ali. Qual é o seu caminho? A porta larga ou a porta estreita?

Pelo caminho largo segue muita gente, pois é o caminho dos prazeres. A maior parte das pessoas que fizeram essa escolha está com os olhos fechados. Elas não se importam, nem percebem que estão indo pelo caminho da perdição. "Há caminhos que ao homem parecem direitos, mas o fim deles são caminhos de morte" (Provérbios 14, 12). "O deus deste século, o diabo, cegou o entendimento dos incrédulos" (II Coríntios 4, 4). As pessoas que andam por esse caminho largo vivem carregadas de pecado; a menos que se arrependam, sofrerão o castigo de Deus. Pecar é transgredir as normas estabelecidas por Deus. É errar o alvo, desobedecer é infringir as leis do Criador – o que implica dívida para com Deus. "E vi os mortos grandes e pequenos que estavam diante do trono e abriram-se os livros; e abriu-se outro livro que é o da vida. E os mortos foram julgados pelas obras que estavam escritas nos livros segundo as suas obras. [...] Aquele que não foi achado escrito no livro da vida, foi lançado no lago de fogo" (Apocalipse 20, 12 e 15).

O céu – o caminho estreito. Todos queremos um dia ir para o céu. O Senhor Jesus disse: "Vou preparar-vos lugar, virei outra vez e vos levarei para mim mesmo, para que onde eu estiver, estejais vós também" (João 14, 2-3). "Ali limpará Deus toda a lágrima dos nossos olhos e não haverá mais morte, nem pranto, nem clamor, nem dor! [...] Ali não haverá mais noite [...] porque o Senhor Deus os alumiará" (Apocalipse 21, 4; 22, 5). "É um lugar Santo e não entrará nele coisa alguma que contamine e cometa abominação ou mentira, mas os que estão escritos no livro da vida do Cordeiro" (Apocalipse 21, 27). Assim há um só caminho para o céu. Jesus disse: "Eu sou o Caminho a Verdade e a Vida; ninguém vai ao Pai a não ser por mim" (João 14, 6).

Como encontraremos o caminho para o céu? Arrependendo-nos de nossos pecados e crendo no Evangelho (Marcos 1, 15). Arrependimento significa voltar-me do pecado para Deus. Confie somente em Deus para sua salvação, porque "o sangue de Jesus Cristo, seu filho, nos purifica de todo o pecado" (I João 1.7). Meu querido leitor, se o seu objetivo é o céu, abandone as incertezas. Para chegar lá, será pelo caminho estreito, tendo Jesus como Senhor e Salvador de sua vida, o único caminho que conduz à vida eterna.

Uma vida com propósito

Portanto, ide e fazei discípulos de todos os povos, batizando-os em nome do Pai, do Filho e do Espírito Santo, ensinando-os a guardar todas as coisas que vos tenho mandado. E certamente estou convosco todos os dias, até a consumação do século. (Mateus 28, 19-20)

Você sabe com qual propósito Deus o salvou? Você sabe o que Deus espera de você? Lembra-se de como era sua vida antes de conhecer Jesus? Com certeza temos bons motivos para agradecer ao nosso Deus, não é mesmo? Bem, agora que você está desenvolvendo um relacionamento pessoal com Deus, precisa entender quais propósitos Ele tem para sua vida.

Propósitos de Deus a todos os seus filhos, aqueles que nasceram de novo, aqueles que foram justificados por Cristo:

1. **Adorar a Deus**: significa reverenciá-lo com a nossa vida, reconhecendo-o como Senhor. Demonstrar a nossa adoração de maneira prática no dia a dia, pela maneira de viver. Reconhecer que somos dependentes Dele e que sem Ele nada podemos fazer. Quando agimos de acordo com a Palavra de

Deus, obedecendo a tudo o que ela nos ensina, sendo pessoas honestas, amando o nosso próximo, sendo prudentes como Jesus nos ensinou, então estamos adorando a Deus.

2. **Servir ao próximo**: significa ajudar as pessoas em suas necessidades e com amor. Deus tem nos dado muitos dons para que usemos para essa finalidade. Precisamos descobrir os nossos dons e colocá-los em prática a serviço do próximo. "E Ele mesmo concedeu uns para apóstolos, outros para profetas, outros para evangelistas e outros para pastores e mestres, para o aperfeiçoamento dos santos, para o desempenho do seu serviço, para a edificação do Corpo de Cristo" (Efésios 4, 11-12). Esse trecho de Efésios nos mostra que Deus concedeu alguns para pastores e mestres, a fim de aperfeiçoarem os cristãos para que usem seus dons a serviço do próximo. Isso vai trazer crescimento pessoal a toda a Igreja. Descubra quais são os seus dons e comece a exercitá-los.

3. **Evangelizar o mundo**: a palavra "Evangelho" significa "boa nova" ou "boa notícia"; e "evangelizar" significa "levar as boas novas de Jesus Cristo", dizendo para todas as pessoas que ainda não o conhecem que Ele é o Salvador. Todo cristão é chamado para testemunhar sobre Cristo às pessoas. Não é opção, é um dever. Alguém investiu em você para que conhecesse a Jesus e fosse salvo. Agora é a sua vez de levar a mensagem a alguém que precisa de salvação.

4. **Participar da Igreja**: Deus nunca teve a intenção de que os cristãos vivessem isolados, mas em comunhão uns com

os outros, como partes do corpo de Cristo. Quando somos batizados, passamos a fazer parte da Igreja, desfrutando dessa comunhão. A nossa participação na Igreja é fundamental. Nela, encontramos a oportunidade de crescer e de aprender os ensinamentos de Deus para fazer a diferença em todo lugar em que Deus nos colocar.

5. **Estudar a Palavra de Deus**: o fortalecimento do cristão se dá pelo estudo da Bíblia; é um processo permanente usado por Deus para nos levar à maturidade. "Não se aparte da tua boca o livro desta lei; antes, medita nele de dia e de noite, para que tenhas cuidado de fazer conforme tudo quanto nele está escrito; porque então, farás prosperar o teu caminho" (Josué 1, 8). O sucesso na vida cristã depende muito do comprometimento com a Palavra de Deus. À medida que você a lê, e a coloca em prática, sua vida vai sendo transformada, você começa a fazer diferença nesta vida, e tudo o que realizar será bem-sucedido. Esse é o segredo de uma vida com propósito!

Por que não há paz?

Deixo-vos a paz, a minha paz vos dou; não vo-la dou como o mundo a dá. Não se turbe o vosso coração, nem se atemorize. (João 14, 27)

No princípio, Deus criou o mundo, os pastos verdejantes, as flores, as árvores, bem como todos os animais, tanto os que vivem debaixo da água quanto os que se movem sobre a terra seca. Deus também criou Adão e Eva, e em toda a criação havia paz.

Atualmente, olhando ao redor, para tudo o que está acontecendo no mundo, torna-se bastante claro que não há paz. Vários meios veiculam notícias sobre atos motivados por ódio, lutas, assassinatos, guerras e rumores sobre guerras. Independentemente do teor da notícia ou do meio de comunicação, sempre encontrará relatos de eventos terríveis, e tudo isso por causa do pecado, do ódio e da inveja. Mas não é somente o mundo que está nessa condição, ainda que seja triste dizê-lo, em muitos lares também não há paz. E qual é a raiz de todo esse mal?

No começo da criação, Adão e Eva viviam no Paraíso, sem temer nenhum dos animais, os quais viviam entre eles pacificamente e felizes; a ovelha podia caminhar junto com o leão sem sofrer qualquer dano. Sobre tudo isso, reinava paz entre Deus e o homem, e Deus vinha ao encontro de suas criaturas no frescor do anoitecer, caminhava e conversava com Adão e Eva. Eles não temiam a Deus em seus corações, e ansiavam por sua chegada, para terem comunhão com ele.

Mas Satanás, que é inimigo da paz, entrou na serpente e tentou Adão e Eva, para que pecassem, e, assim, com a entrada do pecado no mundo, acabou a paz.

Satanás, o pai da mentira, garantiu a Adão e Eva que poderiam comer do fruto proibido, sobre o qual Deus tinha tido: "Dele não comereis, pois no dia que comerdes, certamente morrereis" (Gênesis 2, 17). Satanás afirmou-lhes que não morreriam e seriam como Deus, conhecedores do bem e do mal. Então Adão e Eva, desobedecendo à Palavra de Deus, comeram daquele fruto, e assim pecaram gravemente contra Deus. No mesmo instante, não tinham mais a paz de que sempre gozaram. Geralmente, "um pecado chama outro pecado" (Salmos 42, 7). Dessa forma, todo mundo se encontra enfermo pelo pecado, e por isso não há mais paz sobre a terra.

Deus deseja restaurar outra vez a paz no mundo. Ele olhou desde os céus e viu aqui ódio, temor, pecado e tristeza, e, movido por seu grande amor, enviou seu Filho Unigênito, para que nascesse em uma estrebaria, pobre e humilde, para trazer ao povo a riqueza da paz. Jesus veio a este mundo trazer luz aos que estão assentados em densas trevas, à sombra da morte; a fim de dirigir nossos pés pelo caminho da paz. Paulo disse: "Ele é a nossa paz" (Efésios 2, 14). Em seu grande amor e sua misericórdia, Deus enviou ao mundo o

Príncipe da Paz, para que, quando o povo aceitar a paz oferecida na pessoa de Jesus, haja novamente harmonia, felicidade e paz.

Querido(a) leitor(a), se você nunca experimentou a paz de Deus em sua alma, aceite-o agora e terá um gozo inefável. Essa paz preciosa apenas Cristo pode nos dar. "Que a paz de Deus domine em vossos corações" (Colossenses 3,15). Essa paz não se pode comprar, mas está disponível gratuitamente em Cristo.

Nascestes de novo?

Disse Jesus: Em verdade, em verdade te digo que, se alguém não nascer de novo, não pode ver o reino de Deus, perguntou-lhe Nicodemos: Como pode um homem nascer sendo velho? Pode, porventura, voltar ao ventre materno e nascer segunda vez? Respondeu-lhe Jesus: Em verdade, em verdade te digo: quem não nascer da água e do Espírito não pode entrar no reino de Deus. (João 3, 3-5)

Quando Jesus se encontra com um fariseu chamado Nicodemos, que era um príncipe entre os judeus, diz algo muito importante, e que tem servido como base para muito do que sabemos sobre a salvação. Jesus diz àquele homem, que era um religioso, conhecedor da palavra, um praticante irrepreensível da lei, que seria necessário ele nascer de novo. Jesus não estava falando de um nascimento físico, mas de um nascer espiritual, uma transformação provocada pelo Espírito Santo, que nos faz ter a natureza de Deus em nós.

Ser uma pessoa religiosa não é suficiente para ser salvo; Nicodemos representa pessoas que se escondem atrás de uma religião para justificar a sua falta de intimidade com Deus. Não adianta fazer belos sermões, ter muito conhecimento intelectual.

Com Deus é assim...

Isso é bom, mas não é o suficiente para ser salvo. Alguém pode dizer: Bem, eu usava drogas, agora estou limpo, há mais de ano não uso drogas, então estou salvo. Não, isso não é suficiente. Jesus disse: "Quem não nascer da água e do Espírito não pode entrar no reino de Deus. O que é nascido da carne é carne; e o que é nascido do Espírito é espírito. Não te admires de eu te dizer: Importa-vos nascer de novo" (João 3, 5-7). Nascer de novo é uma transformação de dentro para fora, é algo inédito. Deus vem e faz algo novo na sua vida; Ele apaga todos os seus pecados. Quando você nasce de novo, nasce de cima, do alto, do Espírito, nasce de Deus. Em 2 Coríntios 5, 17, está escrito: "Portanto se alguém está em Cristo, é nova criatura. As coisas antigas já passaram; eis que tudo se fez novo". Quais são as coisas antigas? A mentira, a prostituição, a idolatria, aquele que roubava, não rouba mais, a murmuração. Cuidado com a murmuração, a Bíblia diz que a murmuração é pior que pecado de feitiçaria. Pare de murmurar. Se nada está bom para você, cuidado! O povo de Deus murmurou no deserto e morreu lá mesmo. Deus detesta murmuração. Se alguém o magoou e você não consegue perdoar, saiba que essa mágoa vai tirar toda a sua alegria, e com certeza comprometer a sua salvação também.

São tantos detalhes, não é mesmo? Deixa eu lhe dizer mais uma coisa: Nem você nem eu podemos fazer essa mudança sozinhos, não temos esse poder, mas quando aceitamos Cristo como Senhor e Salvador de nossas vidas, damos a Ele autoridade sobre nós, então ele vem e nos transforma totalmente. Pensando bem, foi por isso que Deus nos advertiu, conforme passagem descrita em Isaías 43, 18-19: "Não vos lembreis das coisas passadas, nem considereis as antigas. Eis que farei uma coisa nova, e agora sairá a luz; porventura, não a sabereis? Eis que porei um caminho no deserto e rios, no ermo". Deus nos deu o poder de quebrar a memória do passado e aumentou a nossa capacidade de enxergar as bênçãos do amanhã. Isso é nascer de novo!

Hino – Nascer de novo (harpa cristã)

Nascestes de novo? Andas já com Deus?
Pertences ao povo que vai para os céus?
Tens a lei escrita no teu coração?
Em ti já habita plena salvação?

Se o caminho é estreito, a porta é também
Tudo está feito, não demores, vem!
No portal da vida Cristo acharás
Ao findar a lida lá no céu tu estarás.

Já desceste às águas, passaste o Jordão?
Tens ainda mágoas no teu coração?
Foste batizado como foi Jesus?
Segues a Seu lado para o céu de luz?

Se o caminho é estreito, a porta é também.
Tudo está feito, não demores, vem!
No portal da vida Cristo acharás
Ao findar a lida lá no céu tu estarás.

Ao ouvir o brado: Eis que Cristo vem.
Tens te preparado para dizer amém?
Alvo é teu vestido, clara é tua luz?
Canta com os remidos: Vem, Senhor Jesus!

Se o caminho é estreito, a porta é também.
Tudo está feito, não demores, vem!
No portal da vida Cristo acharás
Ao findar a lida lá no céu tu estarás.

O semeador e o poder da semente

Parábola do Semeador – Naquele mesmo dia, saindo Jesus de casa, assentou-se à beira-mar; e grandes multidões se reuniram perto dele, de modo que entrou num barco e se assentou; e toda a multidão estava em pé na praia. E de muitas coisas lhe falou por parábolas, e dizia: Eis que o semeador saiu a semear. E, ao semear, uma parte caiu à beira do caminho, e, vindo as aves, a comeram. Outra parte caiu em solo rochoso, onde a terra era pouca, e logo nasceu, visto não ser profunda a terra. Saindo, porém, o sol, a queimou; e, porque não tinha raiz, secou-se. Outra caiu entre os espinhos, e os espinhos cresceram e a sufocaram. Outra, enfim, caiu em boa terra e deu fruto: a cem, a sessenta e a trinta por um. Quem tem ouvidos para ouvir, ouça. (Mateus 13, 1-9)

Jesus ensinava por meio de parábolas. Certa vez, um de seus discípulos perguntou por que ele usava parábolas para ensinar. Então Ele respondeu: "Porque a vós outros é dado conhecer os mistérios do reino dos céus, mas àqueles não lhes é isso concebido. Pois ao que tem se lhe dará; mas ao que não tem, até o que tem lhe será tirado. Por isso, lhes falo por parábolas; porque, vendo, não veem; e, ouvindo, não ouvem, nem entendem (Mateus 13, 11-13).

Com essa parábola, Jesus nos ensina com uma riqueza de detalhes como a Palavra de Deus é recebida pelos homens aqui na terra. Para isso, Ele a comparou a uma semente. O Semeador é Jesus, a semente é a Palavra de Deus, os tipos de solo são os corações das pessoas. Partindo disso, a parábola começa a ficar mais fácil de ser entendida.

Então o Semeador saiu a semear. Uma parte caiu à beira do caminho, então vieram as aves do céu e a comeram; a outra caiu sobre pedras, onde não havia muita terra; nasceu logo, mas saindo o sol queimou-se; e, porque não tinha raiz, secou-se; e outra caiu entre espinhos, e, crescendo os espinhos, a sufocaram e não deu fruto; e outra caiu em boa terra; e deu fruto: a cem, a sessenta e a trinta por um.

Jesus começa a explicar a parábola dizendo: "A todos os que ouvem a Palavra e não a compreendem, vem o maligno e arrebata o que lhes foi semeado no coração. Este é o que foi semeado à beira do caminho. O que foi semeado em solo rochoso, esse é o que ouve a Palavra e a recebe logo, com alegria; mas não tem raiz em si mesmo, sendo, antes, de pouca duração; em lhe chegando a angústia ou a perseguição por causa da Palavra, logo se escandaliza. O que foi semeado entre espinhos é o que ouve a Palavra, porém os cuidados do mundo e a fascinação pelas riquezas sufocam a Palavra, e fica infrutífera. Mas o que foi semeado em boa terra é o que houve a Palavra e a compreende; este frutifica e produz a cem, a sessenta e a trinta por um (Mateus 13, 19-23).

O poder da semente

Não importa como as coisas são organizadas ao redor. Lá dentro de cada um sempre permanece um buraco, uma insatisfação, um anseio. Mesmo que você consiga tudo o que deseja, as coisas se tornarão um tédio, até que entenda os mistérios de Deus para a sua vida. Contudo, uma semente caiu no chão. Uma semente pequena, soprada pelo vento, ou talvez deixada cair pela mão de um homem. Caiu no solo, e a terra a cobriu. Tudo parecia o mesmo. Ninguém pensou que algo tivesse acontecido. Todavia, com o decorrer do tempo, quando a chuva veio e penetrou no solo, alguma coisa verde e minúscula irrompeu-se. Ela conseguiu. A semente conseguiu. A vida com Deus é exatamente assim. Você jamais poderá ter uma vida próspera e abençoada enquanto não entender essas coisas. Mas a vida de Deus entrando em você, silenciosamente, quando o seu coração se voltar para Jesus, será como uma semente que penetra na parte mais profunda de seu ser e cria raízes, revolvendo o velho solo, recebendo a chuva, e logo Cristo será refletido em você. Jesus disse ainda: "O reino de Deus é assim como se um homem lançasse a semente à terra, depois dormisse e se levantasse, de noite e de dia, e a semente germinasse e crescesse, não sabendo ele como. A terra por si mesma frutifica: primeiro a erva, depois, a espiga, e, por fim, o grão cheio na espiga. E, quando o fruto já está maduro, logo se lhe mete a foice, porque é chegada a ceifa" (Marcos 4, 26-29). Tudo isso acontece pelo poder de uma semente lançada em boa terra!

Um testemunho muito forte

Então, regressaram os setenta, possuídos de alegria, dizendo: Senhor, os próprios demônios se nos submetem pelo seu nome! Mas ele lhes disse: Eu via Satanás caindo do céu como um relâmpago. Eis aí vos dei autoridade, para pisardes serpentes e escorpiões e, sobre todo o poder do inimigo, e nada, absolutamente, vos causará dano. Não obstante, alegrai-vos, não porque os espíritos se vos submetem, e sim porque o vosso nome está arrolhado nos céus. (Lucas 10, 17-20)

Faz bastante tempo que um fato aconteceu, mas nunca vou esquecer o que se passou certa tarde, na casa de minha sogra. Eu era muito nova, casei-me com 18 anos. Tinha aceitado Jesus aos 12 anos, mas meu esposo era totalmente ímpio, e a mãe dele era espírita. Vocês já podem imaginar uma caminhada bem difícil, pois a gente sabe muito bem que um jovem cristão ou jovem cristã devem namorar alguém também cristão. Mas, enfim, não adianta chorar o leite derramado. Foi uma trajetória de lutas até conseguir ganhar meu esposo para Jesus. No fim, eu acabei vencendo.

Antes de começar a relatar os fatos acontecidos, quero dizer que nunca julgo pessoas ou crenças, somos todos livres para fazer

Com Deus é assim...

escolhas, devemos amar a todos, inclusive aqueles que não seguem a Jesus, ou aqueles que andam errados, por não terem tido um encontro com a verdade. No livro de Oséias 4, 6, Deus diz: "O meu povo está sendo destruído porque lhe falta o conhecimento". Sem falar que, muitas vezes, somos responsáveis por não cumprir o Ide de Jesus tão a sério como deveríamos.

Como disse, minha sogra era espírita. Com câncer no útero, ela foi buscar socorro na religião dela. Ela estava muito mal, e mandou chamar um casal que fazia parte do mesmo Candomblé que ela frequentava. Eu e meu esposo éramos recém-casados, e fomos visitá-la naquela tarde. Eu fiquei um tempo afastada da igreja, por motivos óbvios, mas nunca afastada de Deus. Tinha temor de Deus no coração, e intimidade com Ele, apesar de tudo. Estávamos lá, quando o casal chegou. Ele colocou uma porta de madeira no centro da sala e desenhou com giz uma cruz um pouco diferente da cruz que conhecemos. Tinha muitas facas nas mãos. A esposa usava muito colares no pescoço, alguns feitos com aquelas contas vegetais e vários outros, com miçangas coloridas. Eu e meu esposo estávamos sentados na sala, observando tudo. Para o meu esposo, aquilo era normal, pois ele não conhecia Jesus ainda, mas, para mim, aquilo era difícil de digerir. Eles começaram a invocar seus guias. Então rodaram, rodaram, rodaram e nada, os guias não incorporavam. A esposa rodava no meio da sala, e de repente todos os colares se romperam e voaram-lhe do pescoço. Eram contas e miçangas pela sala toda. O homem começou então a fazer a parte dele; atirava as facas na cruz, mas nenhuma ficava cravada. Absolutamente todas caíram no chão. Frustrado, tentou mais algumas vezes, mas sem sucesso. Então ele veio em minha direção e me disse: "Sabe, eu respeito esse seu Deus, você tem uma luz muito forte, mas está atrapalhando nosso trabalho, você precisa sair desta sala!". Ah! queridos, se fosse hoje, com certeza eu teria agido diferente, mas, naquele tempo, minha fé ainda era modesta, então saí.

Ainda me lembro de que caía uma garoa bem fininha, então parei debaixo de uma cerca viva para me abrigar da chuva. Mais tarde, meu esposo me contou que, depois que eu saí, os guias baixaram e eles puderam continuar o trabalho. O homem tinha acertado a mira de todas as facas.

Enquanto eu viver nesta terra vou me lembrar desse acontecimento, ficou para sempre registrado em minha mente, e me ensinou muito. Vejam, mesmo eu afastada da igreja naquela época, a presença de Deus era visível em minha vida. Isso nos mostra a autoridade que Deus colocou sobre nós. Se mesmo estando afastada da igreja, aqueles espíritos não conseguiram baixar por causa de minha presença ali, imaginem quando estamos cem por cento conectados a Deus. Com certeza, com Deus sempre faremos proezas. Então não precisamos ter medo de nada, basta ter uma intimidade grande com nosso Deus.

Minha sogra continuou com câncer, então minha mãe pediu ao meu esposo que a levassem à Igreja, para orarem por ela. Posteriormente, ela fez uma cirurgia, o tumor foi retirado e ela ficou curada. Meu esposo tinha certeza de que Deus curara a mãe dele. Ela viveu muitos anos depois disso. E no final da vida aceitou Jesus. Gosto de dar estes testemunhos, para que todos que aceitaram Jesus saibam que Deus nos deu autoridade para desfazer as obras do inimigo, sempre, em nome de Jesus. Veja em I João 3, 8: "Para isso o Filho de Deus se manifestou: para desfazer as obras do diabo". Agora que somos filhos de Deus, estamos ligados a Cristo, e sabemos que ele nos deu poder sobrenatural para desfazer qualquer fortaleza das trevas, vamos vencer qualquer afronta do inimigo, vamos fazer a diferença nesta terra, de tal maneira que todos verão Cristo refletido em nossas vidas. Glória a Deus!

A fé perfeita em Deus

Deus é o nosso refúgio e fortaleza, socorro bem presente na angústia. Pelo que não temeremos, ainda que a terra se mude, e ainda que os montes se transportem para o meio dos mares. Ainda que as águas rujam e se apartem, ainda que o montes se abalem pela sua braveza. Há um rio cujas correntes alegram a cidade de Deus, o santuário das moradas do Altíssimo. Deus está no meio dela; não será abalada; Deus a ajudará ao romper da manhã. (Salmos 46, 1-5)

O salmista está dizendo que confiava em Deus, pois, mesmo que passasse por situações de perigo e guerra, ele sabia que Deus o protegeria. Pois Deus é o nosso refúgio, socorro presente na angústia.

Quero deixar bem claro aqui que o cristão sempre passará pela angústia. Não é porque somos salvos que não teremos mais problemas, não teremos mais lutas. O cristão tem lutas, sim, mas, como vemos na mensagem, o salmista mostra a saída, o escape, há um refúgio, uma fortaleza, para onde se pode ir no momento da dificuldade.

O salmista continua: "Deus é o nosso socorro bem presente na angústia". Sabe por que muitos cristãos se desviam? Porque eles não sabem como chegar ao esconderijo de Deus. Alguém pode dizer: que vantagem há de ser cristão? Os ímpios têm seus fracassos, mas os cristãos também têm lutas. Onde está a diferença? Então o salmista responde: A grande diferença é que aquele que serve a Deus tem um refúgio, uma fortaleza, um esconderijo, e no dia da angústia ele corre para lá; mas o ímpio não tem para onde ir. Quando o ímpio está no auge do desespero, acaba muitas vezes tirando a própria vida, tudo porque não conhece o caminho para chegar ao nosso esconderijo.

"Pelo que não temeremos, ainda que a terra se mude, e ainda que os montes se transportem para o meio dos mares. Ainda que as águas rujam e se perturbem, ainda que os montes se abalem pela sua braveza" (Salmos 46, 2-3), palavras do salmista sobre o período em que estamos sendo atribulados; à vezes provados por Deus. Mas, na maioria das vezes, o inimigo da alma é o causador de tudo isso.

Quando as lutas se acumulam, precisamos ser renovados, para que a fé não enfraqueça. Então o inimigo usa alguém, muitas vezes da família, para fazer a irônica pergunta: onde está teu Deus? Como você está passando por tudo isso? Agora vem a resposta, para fechar a boca do nosso inimigo: há um rio cujas correntes alegram a cidade de Deus, o santuário das moradas do Altíssimo. Deus está no meio dela; não será abalada; Deus a ajudará ao romper da manhã. Em Salmos 30, 5, o salmista reafirma suas palavras dizendo: "O choro pode durar uma noite, mas a alegria vem pela manhã". Como eu sempre digo, muitas lutas se levantam, mas com Deus vencemos todas! Nada, nem ninguém, tem o poder de nos amedrontar, pois sempre seremos vencedores. Nossa fé nos levará aos lugares altos.

O erro de Elimeleque

> *E sucedeu que, nos dias em que os juízes julgavam, houve uma fome na terra; pelo que um homem de Belém de Judá saiu a peregrinar nos campos de Moabe, ele, e sua mulher, e seus dois filhos. E era o nome deste homem Elimeleque, e o nome de sua mulher, Noemi, e os nomes de seus dois filhos, Malon e Quiliom, efrateus, de Belém de Judá; e vieram aos campos de Moabe e ficaram ali.* (Rute 1, 1-2)

Havia fome na terra naqueles dias, e essa fome era um tipo de deserto que o povo teria de atravessar. Desertos não são para durar a vida inteira, e sim um tipo de teste que Deus aplica para ensinar os filhos incrédulos a depender Dele. Quem aprende a vencer os desertos aprende a derrotar o inimigo. Infelizmente, muitos dos filhos de Deus não passam nesse teste, e acabam morrendo no deserto, foi o que aconteceu com Elimeleque.

Havia fome em Belém, território de Judá; mas isso não significava que Deus desampararia o povo de Belém, pois o nosso Deus é o Jeová Jiré, aquele que provê, e todos que confiam Nele sempre serão alimentados. Infelizmente, faltou esse entendimento para Elimeleque; então ele pegou a esposa e os dois filhos e partiu para as terras de Moabe, povo idólatra que se originou do incesto entre Ló e a filha primogênita. Saiu de Israel, a Terra Prometida, para buscar refúgio em território estrangeiro, e em consequência desse erro acabou enfrentando sérias adversidades. Isso nos mostra que, em terra de pecadores, não há nada de bom, apenas sofrimento. Não se deve buscar ajuda onde o Nome do Senhor não é glorificado.

O que levou Elimeleque a tomar a decisão de sair de sua terra? A fome? Não, o medo da fome. Falta de confiança em Deus. Uma decisão precipitada, fora da aprovação de Deus. Nunca tome uma decisão sem antes consultar a Deus. Elimeleque (que em hebraico significa "meu Deus é Rei") deixa Belém (que em hebraico significa "casa do pão") para ir para Moabe, uma terra fora das promessas de Deus. Isso é incoerente para um súdito de Deus, e o levou a pagar um alto preço: a própria vida. Quando alguém se afasta do esconderijo do Altíssimo, com certeza encontrará um caminho de morte.

Elimeleque pensou a princípio que a melhor decisão seria deixar sua terra, e escolheu um caminho que lhe parecia o melhor, mas na verdade era um caminho fatal. Com a morte de Elimeleque, seus dois filhos Malom e Quiliom se casam, e também seguem o caminho do pai, pois permanecem em Moabe por quase dez anos e morrem. Elimeleque não seguiu o caminho do pai, que lhe deu um nome abençoado, e escolheu para os filhos os nomes de Malom (que significa "doença, adoentado") e Quiliom (que significa "ruína, definhamento". Isso é um bom indício de que Elimeleque não tinha a mente em sintonia com Deus.

Por causa de seus erros, Elimeleque traz sofrimento para a família. Morre ele e os dois filhos. E Noemi fica sem marido e sem filhos, perdida numa terra estranha, com as noras Orfa e Rute. Isso lhe causou feridas profundas no coração, a ponto de ela desejar mudar de nome. Você é o líder de sua família? Tenha cuidado ao tomar uma decisão, pois ela pode afetar a sua vida para sempre. Não tome decisões precipitadas, permita que Deus lhe mostre o que fazer em qualquer situação.

A falta de confiança em Deus e a desobediência destroem sonhos. Projetos são anulados e vidas são ceifadas quando falta o entendimento. Veja a tristeza de Deus quando tudo isso acontece. "Assim diz o Senhor, o teu Redentor, o Santo de Israel: Eu sou o Senhor, o teu Deus, que te ensina o que é útil e te guia pelo caminho que deves andar. Ah! Se tivesses dado ouvidos aos meus mandamentos! Então seria a tua paz como um rio, e a tua justiça, como as ondas do mar. Também a tua posteridade seria como a areia, e os teus descendentes, como os grãos de areia; o seu nome nunca seria eliminado nem destruído de diante de mim" (Isaías 48, 17-19). Que pena! Faltou esse entendimento para Elimeleque.

A vida e a morte

A vida e a morte marcaram um encontro.
A vida chegou atrasada, a morte já estava esperando.
A vida foi logo falando: Oh! Quantas coisas tenho feito, tantos dons e talento
Corro da manhã à noite, e sempre me falta tempo.

A morte foi se chegando, de mansinho.
Que te adianta tanta fadiga?
Podias ter aproveitado melhor o teu tempo
Enquanto a vida ainda te era um alento.

A vida então retrucou, dizendo
Estou cuidando do meu futuro.
Novos horizontes quero conquistar
Para que, no porvir, nada me venha a faltar.

Novamente, a morte foi chegando,
Fria como sempre, foi logo dizendo
Que desperdício toda essa tua fadiga
Para que tudo isso? Diga-me
Se hoje mesmo te pedirei tua vida.

Vejamos agora, a moral desta história
Quem não tem tempo para si, foge à vida
Vive afadigado de fato, e desatento
Nem coloca Deus em seu pensamento.

De onde vêm as enfermidades?

E eis que estava ali uma mulher que tinha um espírito de enfermidade havia quase dezoito anos; e andava curvada e não podia de modo algum endireitar-se. E, vendo-a Jesus, chamou-a a si, e disse-lhe: Mulher, estás livre da tua enfermidade. E impôs as mãos sobre ela, e logo se endireitou e glorificava a Deus. E, tomando a palavra o príncipe da sinagoga, indignado porque Jesus curava no sábado, disse à multidão: Seis dias há em que é mister trabalhar; nestes, pois, vinde para serdes curado e não no dia de sábado. Respondeu-lhe, porém, o Senhor e disse: Hipócrita, no sábado não desprende da manjedoura cada um de vós o seu boi ou jumento e não leva a beber a água? E não convinha soltar desta prisão, no dia de sábado, esta filha de Abraão, a qual há dezoito anos Satanás mantinha presa? (Lucas 13, 11-16)

Se os médicos fossem chamados para diagnosticar o caso daquela mulher, não haveria um especialista no mundo que dissesse: "Um espírito de Satanás a tem presa". Eles diriam que era uma artrite da espinha dorsal, ou vértebras fora do lugar, ou empregariam algum termo médico e estariam certos até o ponto a que a ciência médica se refere. Quando conseguimos discernir a verdadeira origem do problema, descobrimos que um espírito de enfermidade de Satanás a tinha presa. Então, para que ela fosse curada, era preciso expulsar o espírito de enfermidade e repreender a opressão de Satanás. Foi o que Jesus fez. (Curai enfermos e expulsai demônios, T. L. Osborn)

Este fato serve para nos mostrar que os demônios são a causa da maioria das doenças.

"E chegando a tarde, trouxeram-lhe muitos endemoniados, e ele, com a sua palavra, expulsou deles os espíritos e curou a todos que estavam enfermos" (Mateus 8, 16). Assim que as pessoas eram libertas dos espíritos malignos, ficavam curadas. Jesus disse: "O ladrão não vem senão a roubar, a matar e a destruir; eu vim para que tenham vida e a tenham com abundância" (João 10, 10). Pedro disse: "O diabo, vosso adversário, anda em derredor, bramando como leão, buscando a quem possa tragar" (I Pedro 5, 8). Porém, João revelou: "Para isso, o Filho de Deus se manifestou: para desfazer as obras do diabo" (I João 3, 8b). Satanás é o deus deste mundo. Ele é o autor de nossas misérias e tristezas, de nossas doenças e dores e da própria morte. Comanda as hostes malignas do inferno. Seu propósito é destruir a vida humana. Logo, facilmente entendemos que ele é o causador da maioria das enfermidades. Todavia, nem sempre Satanás é a causa de uma enfermidade. Como toda regra, existem algumas exceções.

Ao paralítico de Cafarnaum Jesus disse: "Filho, tem bom ânimo; perdoados te são os teus pecados. Levanta-te, toma a tua cama e vai para tua casa" (Mateus 9, 2 e 9, 6b). A causa dessa paralisia foi um pecado. O pecado gera a morte, veja: "Mas cada um é tentado, quando atraído e engodado pela sua própria concupiscência. Depois, havendo a concupiscência concebido, dá à luz o pecado; e o pecado, sendo consumado, gera a morte (Tiago 1, 14-15). No capítulo 38, 1, do livro de Isaías, o Autor menciona um caso muito especial. Ezequias adoeceu de uma enfermidade mortal; e veio a ele Isaías com um recado de Deus, dizendo: "Põe em ordem a tua casa, porque morrerás e não viverás". Quando alguém recebe um diagnóstico desse calibre de um médico, é muito triste, imagine então receber essas palavras diretamente da boca de Deus. Mas, diz a Palavra que Ezequias virou o rosto para a parede, clamou e chorou muitíssimo, então Deus teve misericórdia e acrescentou-lhe mais quinze anos de vida.

Em Deuteronômio 28, a partir do versículo 15, está relatado o castigo pela desobediência a Deus. Veja: "O Senhor te ferirá com as úlceras do Egito, e com hemorroidas, e com sarna, e com coceira, de que não possas curar-te. O Senhor te ferirá com loucura, e com cegueira, e com pasmo do coração. E palparás ao meio-dia, como o cego apalpa na escuridade, e não prosperarás nos teus caminhos; porém somente serás oprimido e roubado todos os dias; e não haverá quem te salve" (Deuteronômio 28, 27-29). Essas enfermidades são geradas pelo pecado da desobediência a Deus.

Outro pecado muito comum entre o povo cristão, que muitas vezes passa despercebido, é participar da Santa Ceia indignamente. O apóstolo Paulo diz que quem participa indignamente desonra o corpo e o sangue de Cristo, e, em vez de participar dos benefícios da expiação torna-se culpado daqueles que o mataram. "Examine-se, pois, o homem a si mesmo, e assim coma deste pão, e beba deste cálice. Porque o que come e bebe indignamente come e bebe para sua própria condenação, não discernindo o corpo do Senhor. Por causa disso, há entre vós muitos fracos e doentes e muitos que dormem (morreram)" (I Coríntios 11, 28-30).

Como vimos, muitas são as causas das enfermidades, mas eu tenho uma boa notícia para aliviar seu coração. Vou contar o que traz saúde e paz duradoura. Quando entregamos a vida ao Senhor Jesus, buscando uma perfeita sintonia com Deus e obedecendo aos seus mandamentos, nossos pecados são perdoados, os espíritos de enfermidade são expulsos e somos curados. Aleluia!

A sabedoria que vem do alto

Quem dentre vós é sábio e inteligente? Mostre, pelo seu bom trato, as suas obras em mansidão de sabedoria. Mas, se tendes, amarga inveja e sentimento faccioso em vosso coração, não vos glorieis, nem mintais contra a verdade. Essa não é a sabedoria que vem do alto, mas é terrena, animal e diabólica. Porque, onde há inveja e espírito faccioso, aí há perturbação e toda obra perversa. Mas a sabedoria que vem do alto é, primeiramente, pura, depois, pacífica, moderada, tratável, cheia de misericórdia e de bons frutos, sem parcialidade e sem hipocrisia. Ora, o fruto da justiça semeia-se na paz, para os que exercitam a paz. (Tiago 3, 13-18)

Nesse texto, o autor nos mostra com riqueza de detalhes a diferença entre dois tipos de sabedoria – a terrena e a divina. A primeira tem origem diabólica, é motivada por sentimentos como inveja, competição e egoísmo; além disso, resulta em toda sorte de males. A segunda procede do alto, é pura e produz bons frutos.

A sabedoria de Deus é diferente da nossa sabedoria. Deus conhece tudo e sabe o que é melhor para a nossa vida. Deus é a fonte de toda a sabedoria. Ele vê as coisas que nós não conseguimos ver. A sabedoria de Deus é espiritual. A sabedoria de Deus é perfeita.

A sabedoria humana é imperfeita porque nós não sabemos tudo. Os planos de Deus às vezes parecem loucura, porque o pecado nos engana e distorce nossa compreensão. Por isso, precisamos pedir sabedoria a Deus para que nossos projetos sejam realizados perfeitamente. Em meu livro *Tesouros Escondidos*, eu conto como o Espírito Santo me ensinou algo que eu precisava aprender para realizar uma tarefa que eu nunca tinha executado antes. Foi maravilhoso. Ele me explicou como deveria ser feito. "Se alguém tem falta de sabedoria, peça-a a Deus, que a todos dá livremente, de boa vontade; e lhe será concedida" (Tiago 1, 5).

Deus deseja ensinar ao seu povo a andar com prudência e a tomar decisões sábias, evitando assim confrontos desnecessários. Entretanto, a verdadeira sabedoria só estará presente em nosso viver à medida que guardamos os mandamentos divinos. Veja: "Filho meu, se aceitares as minhas palavras e esconderes contigo os meus mandamentos, para fazeres atento à sabedoria o teu ouvido, e para inclinares o teu coração ao entendimento, e, se clamares por entendimento, e por inteligência alçares a tua voz, se como a prata a buscares e como a tesouros escondidos a procurares, então entenderás o temor do Senhor e acharás o conhecimento de Deus. Porque o Senhor dá a sabedoria, e da sua boca vem o conhecimento e o entendimento. Ele reserva a verdadeira sabedoria para os retos; é para os que caminham na sinceridade" (Provérbios 2, 1-7).

Com Deus é assim...

O homem tem ciência das coisas da terra, prende-se aos fatos, ao raciocínio lógico, à oratória e à erudição. A sabedoria do Altíssimo, no entanto, tem por princípio o temor do Senhor e a obediência à sua Palavra. "O temor do Senhor aumenta os dias, mas os anos dos ímpios serão abreviados" (Provérbios 10, 27). Em seguida (10, 31) diz: "A boca do justo produz sabedoria em abundância, mas a língua da perversidade será desarraigada". A sabedoria é capaz de trazer um novo caminho quando tudo parecer perdido e sem perspectiva. Ela é capaz de mudar lágrimas em alegria, transformar fraqueza em força, e derrota em sucesso. É maravilhoso!

Davi e Bate-Seba

E aconteceu que, tendo decorrido um ano, no tempo em que os reis saem para a guerra, enviou Davi a Joabe, e a seus servos com ele, e a toda Israel, para que destruíssem os filhos de Amom e cercassem Rabá; porém Davi ficou em Jerusalém. E aconteceu, à hora da tarde, que Davi se levantou do seu leito, e andava passeando no terraço da casa real, e viu do terraço a uma mulher que se estava lavando; e era esta mulher mui formosa à vista. E enviou Davi e perguntou por aquela mulher; e disseram: Porventura não é esta Bate-Seba, filha de Eliã e mulher de Urias, o heteu? Então, enviou Davi mensageiros e a mandou trazer; e, entrando ela, ele se deitou com ela (e já ela se tinha purificado da sua imundície); então voltou para casa. (2 Samuel 11, 1-4)

A história de Davi e de seu adultério com Bate-Seba serve de alerta quanto a fazer escolhas inconsequentes. Todas as escolhas trazem consequências, que podem ser boas ou ruins. Elas nos aproximarão ou nos afastarão de Deus. Davi estava ocioso em seu terraço, viu Bate-Seba e se encantou por ela. O rei mandou buscá-la e teve relações com ela, engravidando aquela mulher. Com isso, o rei transgrediu

Com Deus é assim...

dois mandamentos: Não adulterarás e Não cobiçarás. Diante da tentação, você tem o poder de dizer não. Quem precisa resistir ao diabo é você, e, se o fizer, ele fugirá (Tiago 4, 7); no entanto, se brincar com fogo terminará queimado. Foi o que aconteceu com Davi.

Conforme consta nas Escrituras: um abismo chama outro abismo. Depois de ter cometido o pecado, Bete-Seba mandou avisar Davi de que estava grávida. Então Davi mandou dizer a Joabe: Envia-me Urias, o heteu. E Joabe enviou Urias a Davi. Depois disse Davi a Urias: Desce à tua casa. Porém Urias se deitou à porta da casa real, e não desceu à sua casa. A intenção de Davi, friamente calculada, era que Urias se deitasse com sua esposa, pois, uma vez que tivesse contato íntimo com Bate-Seba, provavelmente consideraria que o filho que ela estava gerando fosse seu – assim, tudo estaria resolvido e Davi e Bate-Seba teriam encoberto sua transgressão. Todavia, Urias era um soldado fiel e não desceu à sua casa. Davi comeu com ele e o embebedou; à tarde, ele saiu a deitar-se com os servos de seu senhor, porém, não desceu à sua casa. E sucedeu que, pela manhã, Davi escreveu uma carta para Joabe e mandou-lha pelas mãos de Urias, dizendo: Ponde Urias na frente da maior força de peleja, para que seja ferido e morra. Urias foi posto na linha de frente no campo de batalha e acabou morrendo. Com isso, Davi errou novamente e afastou-se ainda mais da vontade do Senhor. O único meio de resolver os problemas gerados pelo pecado é confessá-los a Deus e encarar as consequências do erro, confiando na graça e na misericórdia do Senhor.

Ouvindo, pois, Bate-Seba que seu marido estava morto, lamentou sua morte. E, passado o luto, Davi a recolheu em sua casa e lhe foi por mulher e ela lhe deu um filho, porém isso pareceu mal aos olhos de Deus. Então Deus enviou o profeta Natã a Davi. O profeta narrou uma parábola ao rei, na qual um rico, ao receber a visita de um viajante, tomou a única cordeirinha de um homem pobre para servi-la como refeição, em vez de buscar uma do seu rebanho. Davi indignou-se muito com a história, dizendo que aquele homem deveria morrer. Então Natã diz a Davi: Você é esse homem; e em seguida anunciou as consequências que viriam sobre ele em decorrência de seu pecado. Naquele momento, o rei percebeu a gravidade de seus atos, arrependeu-se e foi perdoado. Todavia, conforme a palavra do profeta Natã, não se apartaria jamais a espada de sua casa. Disse o Senhor pela boca do profeta Natã: Eis que suscitarei da tua mesma casa o mal sobre ti, e tomarei tuas mulheres perante os teus olhos, e as darei ao teu próximo, o qual se deitará com tuas mulheres perante este sol. Porque tu o fizeste em oculto, mas eu farei esse negócio perante todo o Israel e perante o sol. Então, disse Davi a Natã: Pequei contra o Senhor. E disse Natã a Davi: Também o Senhor transpassou o teu pecado; não morrerás. Davi se arrependeu, clamou ao Senhor e foi perdoado.

Apesar de Davi ser um homem segundo o coração de Deus, cometeu um pecado terrível, com trágicas consequências, que não apenas o atingiram como também afetaram Urias, Bate-Seba, a criança e a nação de Israel. Davi jejuou e orou pela criança, mas ela morreu. No entanto, mais tarde, Bate-Seba deu à luz Salomão, que se tornaria o próximo rei de Israel. Davi pecou, mas se arrependeu e buscou a Deus; foi restaurado, e por isso continuou a ser uma bênção.

Olhai os lírios do campo

Olhai para as aves do céu, que não semeiam, nem segam, nem ajuntam em celeiros; e o nosso Pai celestial as alimenta. Não tendes vós muito mais valor do que elas? E qual de vós poderá, com todos os seus cuidados, acrescentar um côvado à sua estatura? E, quanto ao vestuário, por que andais solícitos? Olhai para os lírios do campo, como eles crescem; não trabalham, nem fiam. E eu vos digo que nem mesmo Salomão, em toda a sua glória, se vestiu como qualquer deles. (Mateus 6, 26-29)

Jesus nos ensinou a não andar preocupados por causa dos bens desta vida. Ele utilizou exemplos da natureza, como os lírios do campo e as aves do céu, para nos dizer que assim como Deus provê alimento e vestimenta a essas criaturas, estará sempre atento às nossas necessidades.

A natureza foi o belo exemplo que Jesus usou para mostrar às pessoas que a preocupação é desnecessária, pois Deus tem o controle de tudo. Ele provê todas as necessidades de sua criação. Outras partes das Escrituras indicam que a criação é uma das formas que Deus usa para falar de si mesmo.

Deus é o nosso "Jeová Jireh", o Deus que provê. Ele cuida de toda a sua criação nos mínimos detalhes, e aqueles que confiam Nele de nada têm falta. Ele abre portas para quem precisa de um trabalho, manda o orvalho e a chuva para molhar a terra e produzir seus frutos. Se for preciso, envia anjos para ajudar a quem estiver precisando de alguma coisa. Algumas pessoas, na ânsia de não serem suficientes suas horas de trabalho, fadigam-se fazendo horas extras, arriscando até prejudicar a saúde; mas nada disso é necessário. Veja o que está indicado em Salmos 127, 2: "Inútil vós será levantar de madrugada, repousar tarde, comer o pão que penosamente granjeastes; aos seus amados ele o dá enquanto dorme".

O texto acima é considerado um texto de sabedoria. Nele, o salmista ressalta com riqueza de detalhes a importância da total dependência divina e mostra que, se o Senhor não estiver à frente de tudo o que fazemos – como, por exemplo a escolha da profissão, do cônjuge, ou da compra de uma casa –, nosso esforço será em vão. Assim, quem descansa Nele não precisa viver preocupado com o dia de amanhã.

Os céus proclamam a glória de Deus, e o firmamento anuncia as obras de suas mãos. Davi disse: "Um dia discursa a outro dia, e uma noite revela conhecimento a outra noite" (Salmos, 19, 2). Nos Salmos 128, 1-2, consta que é: "Bem aventurado aquele que teme ao Senhor e anda em seus caminhos! Do trabalho de suas mãos comerás, feliz serás, e tudo te irá bem". Observe que o homem que conquista o sustento de maneira honesta tem uma família abençoada, a esposa e os filhos lhe dão alegria, e em sua casa há felicidade e prosperidade. Para todos que desejam ser igualmente bem-aventurados, o salmista ressalta dois segredos: é preciso temer a Deus, respeitar o que Ele fala em sua Palavra; é necessário andar em seus caminhos. Esse é o segredo de uma vida próspera e abençoada. Experimente!

As misericórdias do Senhor

Quero trazer à memória o que me pode dar esperança. As misericórdias do SENHOR são a causa de não sermos consumidos, porque as suas misericórdias não têm fim; renovam-se a cada manhã. Grande é a tua fidelidade. A minha porção é o SENHOR, diz a minha alma; portanto, esperarei nele. (Lamentações 3, 20-24)

Mesmo com todo o sofrimento pelo qual Judá estava passando, o profeta Jeremias entendeu que aqueles dias de aflição passariam e, por isso, decidiu pensar em coisas que pudessem lhe trazer esperança. Ele declarou que as misericórdias de Deus são a causa de nossa sobrevivência, pois elas se renovam a cada dia e nunca se esgotam.

Judá destacava-se pela desobediência aos mandamentos de Deus, e Jeremias tinha a incumbência de ditar as orientações de Deus, e por isso foi perseguido constantemente pelos líderes daquela época. Apelidado de profeta chorão, Jeremias sentiu na pele as consequências do pecado daquele povo. O povo era obstinado e desobediente, e por causa disso enfrentaram o castigo de Deus várias vezes, mas quando se arrependiam e clamavam a Deus, a misericórdia do Senhor se fazia presente.

Com Deus é assim...

No auge de tanto sofrimento, Jeremias falou: Quero trazer à memória o que pode me dar esperança, pois as misericórdias do Senhor são a causa de não sermos consumidos. Porventura a vida hoje não está carente de esperanças e de certezas? Olhando ao redor, parece que só há motivos para desespero. Na agitação do dia a dia, todo mundo aparentemente corre em vão. O ano de 2020 entrou para a história da humanidade com a ameaça da COVID-19. O mundo inteiro foi abalado por um vírus com um alcance devastador, que dizimou e está dizimando milhões de pessoas ao redor do planeta. Então nossos olhos se abriram, aterrorizados, de repente, e vimos como a humanidade é impotente e carente das misericórdias do nosso Deus, o Todo-Poderoso!

O terror foi instalado no mundo inteiro, ceifando vidas de grandes e pequenos, ricos e pobres, do simples ao notável. Numa situação de pandemia, não existem privilégios – a impotência da humanidade ficou escancarada, mostrando aos homens o quão frágeis são, e como são carentes das misericórdias de nosso Criador, aquele que criou os céus e a terra, o homem e os animais, tudo foi feito por Ele. "Formou Deus o homem do pó da terra e lhe soprou nas narinas o fôlego de vida, e o homem passou a ser alma vivente" (Gênesis 2, 7). Infelizmente, com o passar dos tempos, o homem tem se esquecido de sua natureza, tem esquecido do seu Criador, e escolhido andar por caminhos fora dos propósitos de Deus. Que pena!

Todavia, há uma maneira de a humanidade se concertar com o Criador para poder usufruir das suas misericórdias. "Se o meu povo, que se chama pelo meu nome, se humilhar, e orar, e me buscar a minha face, e se converter dos seus maus caminhos, então eu ouvirei dos céus, e perdoarei os seus pecados, e sararei a sua terra" (2 Crônicas 7, 14). Para que a bênção de Deus esteja sobre a nossa vida, é indispensável vivermos em conformidade com a sua Palavra, andando de modo que Lhe agrade. Pense nisso!

O fim está próximo

Haverá sinais no sol, na lua e nas estrelas; sobre a terra, angústia entre as nações em perplexidade por causa do bramido do mar e das ondas; haverá homens que desmaiarão de terror e pela expectativa das coisas que sobrevirão ao mundo; pois os poderes do céu serão abalados. Então, se verá o Filho do Homem vindo numa nuvem, com poder e grande glória. Ora, ao começarem estas coisas a suceder, exultai e erguei a vossa cabeça; porque a vossa redenção se aproxima. (Lucas 21, 25-28)

No fim do século XX, o interesse pelo estudo dos acontecimentos futuros preditos na Bíblia cresceu de modo surpreendente, inclusive fora do cristianismo e em regiões do planeta onde a Palavra de Deus sequer era lida; tal fato já é um sinal de que o fim está próximo, conforme consta em Daniel 12, 4: "Tu, porém, Daniel, encerra as palavras e sela o livro, até ao tempo do fim; muitos o esquadrinharão, e o saber se multiplicará".

Sobre o fim dos tempos, Jesus anunciou dois eventos futuros: primeiro, a destruição do templo de Jerusalém, o que se cumpriu no ano 70 d.C.; em seguida, respondendo a um questionamento dos discípulos, falou a respeito do fim dos tempos. Ele apontou uma série de acontecimentos que antecederiam sua volta: falsos profetas, violência, guerras, pestes, terremotos, perseguição, pregação do evangelho, arrebatamento. Tudo isso representa o início da fase que será os últimos tempos.

- **Falsos profetas**: nos últimos dias, o que mais se tem visto é o aumento dos falsos profetas, o surgimento de falsos cultos e a tolerância de falsas doutrinas: "Mas o Espírito expressamente diz que, nos últimos tempos, apostatarão alguns da fé, dando ouvidos a espíritos enganadores e a doutrinas de demônios, pela hipocrisia de homens que falam mentiras, tendo cauterizada a sua própria consciência, proibindo o casamento e ordenando a abstinência dos manjares que Deus criou para os fiéis e para os que conhecem a verdade, a fim de usarem deles com ações de graça. (I Timóteo 4, 1-3)
- **Violência**: o livro de Mateus nos relata que, durante um de seus sermões, Jesus Cristo anunciou o que é chamado "princípio das dores", dizendo: E por se multiplicar a iniquidade, o amor se esfriará de quase todos" (Mateus 24, 1). E pelo fato de o amor se esfriar, a cada dia a violência aumenta. É comum nos dias de hoje vermos notícias de crimes cada vez mais violentos: filhos matando os próprios pais, crimes passionais e chacinas, dentre outros. Parece que as pessoas se alimentam

da violência. "Do fruto da boca o homem comerá o bem, mas o desejo dos pérfidos é a violência" (Provérbios 13, 2).

- **Guerras**: após a Segunda Guerra Mundial, o mundo conheceu, estarrecido, o alcance da descoberta da energia atômica, com a destruição das cidades de Hiroshima e Nagasaki, no Japão. Era o poder atômico, previsto pela Bíblia em Apocalipse 13, 13: "Também opera grandes sinais, de maneira que até fogo dos céus faz descer à terra, diante dos homens".

- **Fome**: a Organização das Nações Unidas (ONU) relatou que tem aumentado consideravelmente a distância que separa ricos e pobres em todo o mundo. Embora a produção de alimento seja suficiente para acabar com a fome no planeta, a injusta distribuição de renda impede que os mais pobres consigam recursos para comprar alimentos.

- **Pestes (doenças): Peste Negra**, por volta do ano 1357, pessoas de diversas partes do mundo foram atingidas. Calcula-se que tenham perecido quase 500 mil pessoas. **Gripe Espanhola**: no final da Primeira Guerra Mundial, a mais severa pandemia da história da humanidade foi causada por uma virulência incomum que assolou o mundo, e foram contabilizados mais mortos que durante os quatro anos de guerra. Uma estatística superficial calcula que foi 12 milhões o número de vítimas em todo o planeta.

- **Tuberculose**: atualmente a quarta causa de morte no mundo, a tuberculose atingiu 7,3 milhões de pessoas e provocou 2,9 milhões de mortes em 1997, porque as novas variedades da bactéria estão muito resistentes aos antibióticos atuais.

- **Febre amarela**: vem surgindo com rapidez, e matou 30 mil pessoas em 1997, com um saldo acumulado de 200 mil doentes, em sua maioria na África.
- **Dengue**: descoberta nos anos 1970, é um vírus do grupo "arbovírus". A forma mais grave é a dengue hemorrágica.
- **Hepatite C**: vagarosa, discreta e assintomática, a hepatite C já fez mais de 170 milhões de infectados. Pela falta de sintomas, boa parte dos acometidos pela doença não tem um diagnóstico a tempo de evitar o avanço crônico.
- **Ebola**: mais um dos vírus descobertos recentemente. Ganhou notoriedade com o surto ocorrido no continente africano em 1995. Mata 90% de suas vítimas, e é quase fulminante (a morte ocorre em poucos dias).
- **Aids**: o HIV (Vírus da Imunodeficiência Humana), causador da Aids. O vírus ataca os glóbulos brancos do sangue, responsáveis pela defesa do organismo, que assim fica debilitado e suscetível ao ataque dos germes oportunistas e a vários tipos de infecções.
- **Câncer**: atualmente, o câncer é a doença que mais causa mortes no mundo, e isso o torna um problema de saúde pública, merecendo maior atenção dos governantes e profissionais de saúde.

- **COVID-19**: o ano de 2020 entrou para a história da humanidade com a chegada da grande pandemia de COVID-19. O mundo inteiro foi abalado por um vírus microscópico, com um poder gigante, matando milhões de pessoas no mundo inteiro.
- **Terremotos**: considerados um dos fenômenos mais notáveis dos últimos séculos, os terremotos têm sido notícia em muitos pontos da Terra. No livro de Lucas 21, 11, está escrito que: "Haverá grandes terremotos em vários lugares". Essa profecia tem se cumprido. No século XX, o número e a intensidade dos terremotos aumentaram assustadoramente.
- **Perseguição**: haverá uma perseguição mais severa contra o povo de Deus. Aqueles que se mantiverem fiéis até o fim serão salvos.
- **Pregação do Evangelho**: sinal profético sobre a segunda vinda de Jesus à Terra tem impulsionado o povo cristão sincero e fiel às Escrituras: "E será pregado esse evangelho do reino por todo o mundo, para testemunho a todas as nações, e então, virá o fim" (Mateus 24, 14).
- **Arrebatamento**: significa ser arrebatado rapidamente e com força. Quando a Bíblia menciona o arrebatamento, está se referindo a quando a Igreja do Senhor Jesus será retirada da terra, para se encontrar com Ele nos ares. Os cristãos devem estar preparados para esse evento iminente. Jesus virá de modo inesperado, como um ladrão à

noite; portanto é preciso que os cristãos vigiem. Só os salvos serão arrebatados. Contudo o Senhor nos advertiu de que ninguém sabe o dia exato de sua vinda, e esse evento surpreenderá a muitas pessoas. Portanto, é necessário que vivamos em vigilância, levando o Evangelho de Cristo a todos e cumprindo os seus mandamentos, para não sermos achados em falta. Tenha cuidado!

Nossa intimidade com Deus

Eu não rogo somente por estes, mas também por aqueles que, pela sua Palavra, hão de crer em mim; para que todos sejam um, como tu, ó Pai, o és em mim, e eu, em ti; que também eles sejam um em nós, para que o mundo creia que tu me enviaste. E eu dei-lhes a glória que a mim me deste, para que sejam um, como nós somos um. Eu neles, e tu em mim, para que eles sejam perfeitos em unidade, e para que o mundo conheça que tu me enviaste a mim e que tens amado a eles como me tens amado a mim. (João 17, 20-23)

Ter intimidade com alguém é conhecer essa pessoa profundamente, passar tempo com ela, saber do que ela gosta, o que ela quer. Com Deus também é assim. Para ter intimidade com Ele, é preciso passar tempo orando, lendo a Sua Palavra; Jesus, na oração acima, clamou por nós ao Pai.

Em primeiro lugar, para ter intimidade com Deus, é preciso conhecê-lo. Ninguém ama o que não conhece. Contudo, existe um longo caminho até chegarmos a esse patamar de conhecimento do nosso Deus. A Bíblia diz que tudo o que sabemos acerca de Deus, sabemos em parte, porque a mente de Deus é infinitamente superior à nossa. Ele é o nosso Criador, com atributos que são exclusivos Dele, como a eternidade, a onisciência, a onipotência e a onipresença. Foi por isso que Paulo lembrou em seu cântico de adoração em Romanos 11, 33-36: "Ó profundidade da riqueza da sabedoria e do conhecimento de Deus! Quão insondáveis são os seus juízos, e inescrutáveis os teus caminhos! Quem conheceu a mente do Senhor? Ou quem foi o seu conselheiro? Quem primeiro lhe deu, para que ele o recompense? Pois dele, por ele e para ele são todas as coisas. A ele seja a glória para sempre! Amém".

No livro de Oséias 6, 3, está escrito que: "Conheçamos e prossigamos em conhecer o Senhor: como a alva, será a sua saída; e ele a nós virá como a chuva serôdia que rega a terra". Não basta ler a Bíblia e achar que conhece a Deus, você precisa trazê-Lo para o dia a dia, andar com Ele em todos os seus caminhos, pedir ajuda em qualquer dificuldade. Não tome nenhuma decisão sem antes consultar a Deus. Ande com Ele, converse com Ele, agradeça cada benção recebida, fale de seus sonhos, deixe bilhetes para Ele dentro da Bíblia. Tire um tempo para ficar a sós com Ele, no seu quarto de guerra.

Não devemos confundir familiaridade com intimidade. Familiaridade é saber a respeito de Deus; intimidade é conhecê-Lo, é andar com Ele. Veja as bênçãos que estão reservadas para todos que saíram da superfície e mergulharam nas profundezas desse segredo chamado intimidade. "Quem é o homem que teme o Senhor? Ele o instruirá no caminho que deve seguir. Viverá em prosperidade, e os seus descendentes herdarão a terra" (Salmos 25, 12-13). Essa intimidade tem o poder de transformar uma vida; veja o que disse Jó: "Antes eu te conhecia de ouvir falar, mas agora te vejo com meus próprios olhos" (Jó 42, 5). Antes de ser afligido, havia medo em seu coração, sua fé não era perfeita, mas depois, mais próximo de Deus, quando conheceu a Deus de verdade, então seus olhos se abriram. Esse é o segredo da intimidade com Deus. Quando se é transformado por Deus, os olhos enxergam o que antes não viam, a fé se torna inabalável. Você se torna um vencedor!

Escuta-me Senhor

Senhor, às vezes parece
Que na hora triste da dor
Clamo a ti, e tu te esqueces
De escutar-me com amor.

Mesmo assim, Senhor, insisto
E clamo com ainda mais fervor.
És o único Deus em quem acredito
Ter poder para me livrar da dor.

Não importa o tempo; eu espero
Com alegria no meu coração,
Confiar sempre em ti eu quero.

Como o salmista, posso dizer
O Senhor aceitará minha oração,
Tristeza e dor, me fará esquecer.

Renascendo com Cristo

Assim que, se alguém está em Cristo, nova criatura é: as coisas velhas já passaram; eis que tudo se fez novo.
(2 Coríntios 5, 17)

    Quando alguém declara sua fé em Jesus Cristo como Senhor e Salvador, não apenas é justificado de seus pecados, mas também passa a ser uma nova criatura. Sua natureza agora está em concordância com a natureza divina.

    Você pode me contestar dizendo: conheço alguém que cometeu tantos deslizes, traiu sua esposa, abandonou os filhos, e outras coisas do tipo. Como uma pessoa dessas vai poder renascer em Cristo e ser salva por Ele? Outros roubaram, mataram e se prostituíram das mais diversas formas, foram idólatras, e a mentira era algo natural em suas vidas. Existe uma saída para esse tipo de pessoa? Por incrível que pareça, existe, sim.

    Por essas causas Jesus pagou um preço alto. Todos esses pecados ficaram cravados naquela cruz; e a única exigência para ficarmos livres de toda essa culpa é nos arrependermos de nossos pecados e entregar a vida à Cristo, e Ele prontamente nos perdoará. Jesus, falando certa vez com Nicodemos, disse: aquele que não nascer de novo não pode ver o reino de Deus. Nicodemos perguntou: Como pode um homem nascer sendo velho? Jesus respondeu: Na verdade, na verdade te digo que aquele que não nascer da água e do Espírito não pode entrar no reino de Deus. O que é nascido da carne é carne, e o que é nascido do Espírito é espírito. O novo nascimento é o renascimento do espírito humano. Conforme Efésios 2,10: "Porque somos criação de Deus realizada em Cristo Jesus para fazermos boas obras, as quais Deus preparou de antemão para que nós as praticássemos".

Deus nos mostra em sua Palavra vários exemplos de pessoas que foram totalmente renascidas; como a parábola do oleiro, em Jeremias 18, 1-6, quando Deus manda Jeremias descer até a olaria e, ao chegar lá, o profeta ficou observando o trabalho do oleiro, e viu que quando o vaso se quebrava na mão do oleiro, ele amassava o barro novamente e fazia outro vaso do mesmo barro; então, Deus perguntou a Jeremias: "Não poderei eu fazer de vós, como fez esse oleiro? Diz o Senhor: Assim sois vós na minha mão".

Um exemplo de renascimento, um vaso bem quebrado, encontramos em Josué 2, 6, que narra o episódio de Raabe, uma prostituta que foi salva e transformada. Deus transformou aquele vaso de desonra em um vaso santo para glorificar o seu nome. No Novo Testamento, há outro exemplo: Saulo de Tarso. Ele era um perseguidor do Evangelho, mandava matar os cristãos, mas quando teve um encontro com Jesus foi totalmente transformado em Paulo – O grande pregador das boas novas.

Sim, renascer é possível! Todavia, para haver essa transformação na vida de alguém, é preciso permitir que o Oleiro trabalhe em sua vida, é preciso deixar-se ser transformado por Ele. Pois, como diz em 2 Coríntios 5, 17: "Assim que, se alguém está em Cristo, nova criatura é: as coisas velhas já passaram; eis que tudo se fez novo". E o que são as coisas velhas? A mentira, a prostituição, a idolatria, o roubo, a murmuração e outras coisas do tipo.

Pecar é errar o alvo, mas quando alguém aceita a Cristo, seu espírito é recriado, e como agora é gerado de Deus, conserva-se a si mesmo. Agora essa pessoa tem autoridade sobre o mal, pois, ao usar a Palavra de Deus, ela se torna uma pessoa liberta. Quando nascemos de novo, não há mais nenhuma condenação para nós, pois em Romanos 8, 1-2 está escrito: "Portanto agora não há condenação para os que estão em Cristo Jesus [...] Porque por meio de Cristo Jesus a lei do Espírito de vida me libertou da lei do pecado e da morte". Em Cristo temos poder para vencer o mundo. Eu sei que agora você entendeu que, independentemente da natureza do seu pecado, no momento que Jesus entrou em sua vida, mudou tudo, o inimigo não pode o acusar de mais nada, nem lhe fazer mal nenhum. Nunca mais se sinta culpado, agora você está livre, agora você renasceu!

Quando Deus fala

Filho(a), não tenha medo, nunca mais.
Escute! Quero falar contigo,
sou o seu Deus, te amo demais.
Sou Eu que te falo: conte sempre comigo.

Sou o seu Deus, você me entregou sua vida.
Eu o sustentarei até a eternidade
Acaso exista outra rocha, me diga,
que o proteja como a minha bondade?

Preparei uma morada para você
na casa de meu Pai, basta você crer.
Ali, com muito amor, vou esperar você,
quando em meus braços, você adormecer.

Leia o meu Livro, quero preparar você,
espiritualmente falando, você já pode perceber,
Descobrir todos os tesouros escondidos
que nele há, para você vencer.

O bom pastor

O Senhor é o meu pastor; nada me faltará. Deitar-me faz em verdes pastos, guia-me mansamente a águas tranquilas. Refrigera a minha alma; guia-me pelas veredas da justiça por amor do seu nome. (Salmos 23, 1-3)

Davi compara Deus àquele que cuida das ovelhas, caminha sempre diante delas, busca a desgarrada, trata da ferida e a conduz a pastos verdejantes. Assim como o pastor não se afasta das ovelhas, também o Altíssimo está sempre perto e pronto para nos ouvir.

Esse Salmo mostra o grande amor de Deus para com o seu povo. O próprio Senhor Jesus usou essa comparação para demonstrar seu propósito para conosco, quando disse: "Eu sou o bom pastor. O bom pastor dá a sua vida pelas ovelhas" (João 10, 11). Jesus se compara a um pastor de ovelhas.

Nós, cristãos, somos as ovelhas; pertencemos a Ele, embora andássemos desgarrados como ovelhas que não têm pastor, o Senhor Jesus nos resgatou e nos redimiu pelo seu sangue derramado lá na cruz. Agora somos Dele, como suas ovelhas podemos ser alcançados pelas promessas desse Salmo, quando ouvimos sua voz e o seguimos de perto.

Sendo Jesus o nosso pastor, então podemos declarar: nada me faltará, e isso significa que Deus suprirá todas as nossas necessidades. Ele sabe o que cada ovelha precisa, e nos dá o melhor pasto, mesmo nos momentos mais difíceis, Ele cuida de mim e de você.

Guia-me mansamente às águas tranquilas: águas que saciam, lugar de paz e esperança. Na presença de Deus, há paz e tranquilidade. Refrigera a nossa alma quando estamos quase desanimando pelas aflições do mundo, pois elas chegam em nossas vidas quando menos esperamos, mas é nessa hora, no auge da nossa aflição, que o bom pastor chega e refrigera a nossa alma. Refrigério significa alívio, consolo, conforto. O Senhor vem e unge nossas feridas, proporcionando alívio imediato. Só Deus pode nos devolver a alegria, mesmo enfrentando adversidades. Ele é a nossa paz, o nosso refrigério, o nosso sono tranquilo; com Ele estamos sempre seguros.

Guia-me pela vereda da justiça: em Jeremias 23, 5-6, lemos que o Senhor levantaria um renovo de Davi, que praticaria o juízo e a justiça na terra, e o seu nome seria "O Senhor Justiça Nossa". Portanto, justiça só em Jesus. Você não precisa fazer justiça com as próprias mãos quando for injustiçado, entregue a Cristo sua causa, pois Ele é a nossa justiça.

Tu estás comigo: Jesus nunca disse que não teríamos dificuldades, que não haveria lutas e adversidades; então, não cobre de Deus aquilo que Ele não prometeu. Mas tenha certeza desta promessa: a que estaria conosco todos os dias. Veja o que diz Mateus 28, 20: "[...] E eu estarei sempre com vocês, até o fim dos tempos". Aleluia! Portanto, venceremos! A presença de Cristo faz toda a diferença. Eis aqui o segredo: a presença sobrenatural de Deus em nossa vida nos capacita a transpor todos os obstáculos, a atravessar qualquer deserto. Podemos sair de qualquer situação mais fortes do que nunca, melhores do que antes. Nada poderá nos deter, nem o inimigo. Ele tentará como um lobo atrás de ovelhas, mas o nosso Pastor nos livra e nos transporta para lugares tranquilos e seguros.

Tua vara e o teu cajado me consolam: a vara representa a exortação e a disciplina de Deus, e, às vezes, o Senhor precisa usar a vara para corrigir seus filhos, pois a Bíblia diz que o Pai corrige o filho a quem ama. O cajado é uma longa vara delgada com um gancho em uma das extremidades, e serve para trazer a ovelha para perto do pastor, principalmente quando ela cai em uma vala estreita. Somente o cajado pode tirá-la de lá. Quando você estiver em um beco sem saída, ou se cair em uma dessas valas estreitas da vida, clame pelo Pastor, Ele tem um cajado e vai tirá-lo de lá, e cuidar de suas feridas.

Preparas uma mesa perante mim na presença dos meus inimigos, unges a minha cabeça com óleo, o meu cálice transborda: uma mesa é preparada por Deus, e nessa mesa não falta nada. Ele se encarrega de suprir todas as nossas necessidades, tanto físicas quanto espirituais. Haverá abundância sobre nossa mesa e os nossos inimigos verão isso e serão derrotados em nossa presença. Nossos olhos verão isso.

Unges a minha cabeça com óleo: aqui fala da nossa intimidade com Deus. Óleo significa unção e renovo espiritual. Quando Jesus coloca esse óleo sobre a nossa cabeça, saímos da superficialidade e entramos no sobrenatural de Deus, saímos da superfície e nos aprofundamos na Palavra de Deus. Começamos a fazer a diferença, e todos começam a ver Cristo em nossa vida. Nosso testemunho é visível, não precisamos de muitas palavras, pois, quando Deus unge alguém, todos aqueles que nos cercam passam a perceber isso. Portando, não importa quão escuro seja o vale que estejamos atravessando, não devemos temer mal algum, pois o nosso Pastor estará sempre conosco. Tudo o que precisamos fazer é nos colocar na posição de ovelhas, para que Ele nos conduza às águas tranquilas e aos pastos verdejantes.

Um caminho sem retorno

E eis que, por ordem do Senhor, um homem de Deus veio de Judá a Betel; e Jeroboão estava junto ao altar, para queimar incenso. E clamou contra o altar com a Palavra do Senhor e disse: Altar, altar! Assim diz o Senhor: Eis que um filho nascerá à casa de Davi, cujo nome será Josias, o qual sacrificará sobre ti os sacerdotes dos altos que queimam sobre ti incenso, e ossos de homens se queimarão sobre ti. E deu, naquele dia, um sinal, dizendo: Este é o sinal de que o Senhor falou: Eis que o altar se fenderá, e a cinza que nele está se derramará. (1 Reis 13, 1-3)

A transgressão ao mandamento do Senhor leva a um caminho sem retorno. O profeta de Judá demonstrou coragem ao falar na presença do rei Jeroboão. Sem temer, o enviado do Senhor repreendeu o rei que instituíra a idolatria em Israel e provou ser verdadeiramente um homem de Deus. Digamos que ele começou bem; todavia, na volta, perdeu-se pelo caminho. Que pena!

Aqueles que fazem a obra do Senhor precisam ter muito cuidado. Às vezes, os cristãos vão pela lei do jeitinho, mas esse caminho não terá um retorno. Como vimos na Palavra acima, um homem de

Deus vem de Judá com uma ordem de Deus contra o altar. Jeroboão era rei, e ele estava queimando incenso, o que não lhe era permitido, pois isso só poderia ser feito pelos sacerdotes. O profeta tinha uma incumbência de profetizar contra aquele altar. O rei estava em desobediência, então Deus deu um sinal de que o altar se fenderia e a cinza se derramaria. Muitas coisas que acontecem não precisariam acontecer. A transgressão é a causa de tudo.

Muitos cristãos se baseiam em palavras de homens, mas é a Palavra de Deus que realmente edifica nossa vida. Deus fala a sua palavra, doa a quem doer, Ele envia seus sinais por meio dos profetas. Se a palavra procede de Deus, o sinal se cumpre. Duas coisas que o profeta de Deus deve observar:

1. Fazer conforme o Senhor ordenar.
2. Não fazer aquilo que Deus disse que não deve ser feito. Lembra-se do que aconteceu lá no jardim do Éden? Deus disse: De toda árvore do jardim comerás, mas da árvore no meio do jardim não comerás. Eles comeram da árvore proibida e pela desobediência entrou o pecado no mundo, trazendo a morte a toda a humanidade.

O profeta de Judá começou bem. Contudo, o Altíssimo lhe ordenara que, no retorno a Judá, voltasse sem comer e beber e utilizasse um caminho diferente do que usara para chegar a Israel. Então, ele profetizou contra o altar conforme Deus lhe ordenara. Sucedeu que o rei, ouvindo as palavras do profeta, indignou-se e

Com Deus é assim...

estendeu a mão sobre o altar dizendo: Pegai nele. Mas a mão que estendera contra ele se secou e não a podia trazer a si. E o altar se fendeu, e a cinza se derramou, segundo sinal de que o homem de Deus apontara pela Palavra do Senhor. Então o rei pediu ao homem de Deus: Ora a Deus por mim, para que a minha mão se restitua. O homem de Deus orou ao Senhor, e a mão do rei se restituiu.

Depois de ter a mão restituída, o rei disse ao homem de Deus: Vem comigo à minha casa e conforta-te; e dar-te-ei um presente. Porém o profeta de Deus disse: Ainda que me desses metade da tua casa, não iria contigo, nem comeria pão, nem beberia água neste lugar. Porque assim me ordenou o Senhor. E foi-se por outro caminho e não voltou por onde viera.

Sempre que Deus declara a sua Palavra, dando uma ordem para não fazer tal coisa, saiba que sempre aparecerá alguém para o seduzir; o perigo é quando aparece algo semelhante, disfarçado. O joio é um perigo, pois é muito parecido com o trigo, e muitos são facilmente enganados. Morava em Betel um profeta velho, e vieram seus filhos e lhe contaram tudo o que o homem de Deus fizera naquele dia, então perguntou ele a seus filhos: Por qual caminho ele foi? E assim que descobriu o caminho foi ao encontro do homem de Deus, e o achou assentado debaixo de uma árvore, e disse: És tu o homem de Deus que veio de Judá? E ele disse: Eu sou. Então, lhe disse: Vem comigo à minha casa e come pão. Porém ele disse: Não posso voltar, nem entrarei contigo, nem tampouco comerei pão, nem beberei água neste lugar. Porque me foi mandado pela Palavra do Senhor: Ali não comerás pão, nem beberás água, nem tornarás pelo caminho que fostes. E ele lhe disse: Também sou profeta como tu, e um anjo me falou pela palavra do Senhor, dizendo: Faze-o voltar contigo à tua casa, para que coma pão e beba água (porém mentiu-lhe). E voltou ele, e comeu pão em sua casa e bebeu água. E sucedeu que, enquanto eles estavam à mesa, a palavra do senhor veio ao profeta que o tinha feito voltar. E falou ao homem de Deus que viera de Judá, dizendo: Assim diz o Senhor: Visto que fostes rebelde à boca do Senhor e não guardaste o mandamento que o Senhor, teu Deus, te mandara; antes voltaste, e comestes pão, e bebestes água no lugar que te dissera: Não comerás pão, nem beberás água, o teu cadáver não entrará no sepulcro de teus pais. Depois que comeu pão e bebeu água, o profeta velho preparou o jumento para o homem de Deus voltar. Foi-se, pois, e um leão o encontrou no caminho e o matou; e o seu cadáver estava lançado no caminho, e o jumento estava parado junto a ele.

 Como vimos acima, o homem de Deus até recusou a oferta do rei Jeroboão, mas, quando já estava no caminho de volta para casa, deu ouvidos às palavras mentirosas de um velho profeta e, dessa forma, deixou de ser fiel ao Senhor, tendo um fim terrível. Que isso nunca aconteça com você! A coroa da vida será dada por Deus aos que se mantiverem fiéis a Ele. O triste fim desse profeta deve servir de aviso: seja a pessoa que Deus o chamou para ser. Precisamos andar vigilantes, principalmente neste tempo que estamos vivendo, pois o livro de Mateus 24, 4 nos adverte: porque surgirão falsos cristos e falsos profetas operando grandes sinais e prodígios para enganar, se possível, os próprios escolhidos. Precisamos vigiar!

Marta e Maria

E aconteceu que, indo eles de caminho, entrou numa aldeia; e certa mulher, por nome Marta, o recebeu em sua casa. E tinha esta uma irmã, chamada Maria, a qual, assentando-se também aos pés de Jesus, ouvia a sua palavra. Marta, porém, andava distraída em muitos serviços e, aproximando-se, disse: Senhor, não te importas que minha irmã me deixe servir só? Dize-lhe, pois, que me ajude. E, respondendo Jesus, disse-lhe: Marta, Marta, estás ansiosa e afadigada com muitas coisas, mas uma só é necessária; e Maria escolheu a boa parte, a qual não lhe será tirada. (Lucas 10, 38-42)

    A Palavra acima nos mostra as atitudes das irmãs de Lázaro, e nos revelam muito a respeito de si mesmas. Maria preferiu assentar-se e ouvir os ensinamentos de Jesus; Marta, por sua vez, mostrou-se ansiosa com os afazeres domésticos, e, dessa forma, sentia-se cansada.
    Existe uma doença espiritual que tem afligido muito o povo cristão neste tempo em que vivemos, a "síndrome de Marta". Os sintomas dela são: ansiedade e fadiga. Qual a causa dessa doença? Ela ocorre sempre que a atenção dada aos serviços prestados para a causa de Cristo for maior que a nossa devoção a Ele. Isto é, às vezes, fazemos muitas coisas ao mesmo tempo, nos preocupamos com

números e resultados, procuramos ser excelentes nos serviços prestados à Igreja e à comunidade, e em outros esforços humanos similares. Mas sempre que colocarmos esse tipo de trabalho em destaque estaremos dando ocasião para a doença espiritual se manifestar. A Bíblia nos fala que Deus não procura servos esforçados, mas verdadeiros adoradores, que o adorem em espírito e em verdade (João 4, 23).

Marta estava afadigada e se sentia cansada. Ela chegou até mesmo a pedir a Jesus que convencesse sua irmã a auxiliá-la nas tarefas da casa. O Mestre, porém, repreendeu Marta por sua inquietação e elogiou a escolha de Maria. Jesus não estava ensinando que o serviço doméstico não é necessário, mas, sim, que há tempo para trabalhar e tempo para estar aos pés do Senhor em oração. Em seu lar também deve haver um momento separado para que todos se reúnam a fim de buscar a presença de Deus.

A melhor forma de prevenir essa doença é reconhecer que Jesus não está interessado na imensidade de trabalhos prestados para Ele, mas sim em estarmos assentados aos seus pés como fez Maria, escutando a sua voz e o adorando em espírito e em verdade. Esqueça a ansiedade! Renuncie à fadiga: Descanse nos braços amorosos do Salvador e Ele o levantará como um verdadeiro adorador em sua presença! Uma boa sugestão para esse momento com Cristo é: Entre no quarto, feche a porta e fique ali, assentado aos seus pés, escute-o, diga-lhe: Senhor, estou aqui, vim para ficar contigo um tempo; ore um pouco, depois fique em silêncio, escute a voz Dele. Às vezes, Ele fala ao nosso coração; outras vezes, fala com a nossa mente; e outras vezes, com voz audível; de acordo com a nossa fé. Os maiores milagres acontecem depois desse encontro.

Andando no Espírito

Digo, porém: Andai em Espírito e não cumprireis a concupiscência da carne. Porque a carne cobiça contra o Espírito, e o Espírito, contra a carne; e estes opõem-se um ao outro; para que não façais o que quereis. Mas, se sois guiados pelo espírito, não estais debaixo da lei. Porque as obras da carne são manifestas, as quais são: prostituição, impureza, lascívia, idolatria, feitiçaria, inimizades, porfias, emulações, iras, pelejas, dissensões, heresias, invejas, homicídios, bebedices, glutonarias e coisas semelhantes a estas, acerca das quais vos declaro, como já antes vos disse, que os que cometem tais coisas não herdarão o Reino de Deus. Mas o fruto do espírito é: amor, gozo, paz, longanimidade, benignidade, bondade, fé, mansidão, temperança. Contra estas coisas não há lei. E os que são de Cristo crucificaram a carne com as suas paixões e concupiscências. Se vivemos no Espírito, andemos também no Espírito. (Gálatas 5, 16-25)

O apóstolo Paulo havia instruído os gálatas, dizendo que o homem é justificado pela fé, e não pelas obras da lei. Então, mostrou que a santificação é resultado da ação regeneradora do Espírito Santo no interior dos salvos por Cristo. Em outras palavras, é o Espírito Santo quem inspira, aconselha, dirige, consola e intercede pelo cristão.

Nós somos a melhor criação de Deus. No livro de Jó está escrito: "O Espírito de Deus me fez; o sopro do Todo-Poderoso me dá vida" (Jó 33, 4). Nossa personalidade, nosso corpo e tudo o que somos é um projeto do Espírito Santo. Nosso corpo é templo do Espírito Santo.

O Espírito Santo participou da criação do mundo em que vivemos, no início de tudo. "Era a terra sem forma e vazia; trevas cobriam a face do abismo, e o Espírito de Deus se movia sobre a face das águas" (Gênesis 1, 2).

O Espírito Santo é o espírito da vida que nos mantém vivos e respirando a cada instante. Lembra-se do que Deus fala lá em Ezequiel? "Porei o meu Espírito em vocês e vocês viverão". O Espírito Santo é o Autor da Palavra de Deus, Ele inspirou os homens que escreveram as Santas Escrituras. "Pois jamais a profecia teve origem na vontade humana, mas homens falaram da parte de Deus, impelidos pelo Espírito Santo" (2 Pedro 1, 21). Somente o Espírito Santo consegue persuadir nossa mente de que Cristo habita em nosso coração. "Sabemos que permanecemos nele, e ele em nós, porque ele nos deu do seu Espírito" (I João 4, 13).

O Espírito Santo nos concede dons e talentos; dons naturais e espirituais! "Há diferentes tipos de dons, mas o Espírito é o mesmo". Como é feliz o homem que acha a sabedoria, o homem que obtém o entendimento (Provérbios 3, 13). Você pode pedir sempre que precisar. Veja: "Se alguém tem falta de sabedoria, peça-a a Deus, que a todos dá livremente, de boa vontade; e lhe será concedida"

(Tiago 1, 5). O Espírito Santo é uma pessoa. No livro de Romanos, está escrito que Ele intercede por nós com gemidos inexprimíveis, fala conosco de várias maneiras, em sonhos, visões, usando outras pessoas e falando diretamente conosco. Eu sou testemunha disso, pois várias vezes Ele falou comigo, apontando-me caminhos, respondendo a perguntas, ensinando-me muitas coisas, as quais eu não teria a mínima condição de aprender sem a ajuda Dele.

No meu livro *Tesouros Escondidos*, conto algumas experiências sobrenaturais que tive com o Espírito Santo. Aprendi a depender Dele, e quando não sei fazer alguma coisa, imediatamente lhe peço ajuda, e então Ele me ensina! Certa vez, logo que me mudei de minha cidade natal, precisei ir à cidade grande, pois precisava buscar um documento em um estabelecimento bancário, sem o qual não poderia receber o fundo de garantia. Não conhecia quase nada na cidade, nem a rua do banco, então, antes de sair de casa, orei pedindo ao Espírito Santo que me guiasse e me levasse até o destino. Peguei um ônibus e desci no centro da cidade. Chegando lá, eu disse: Oh! Espírito Santo, eu preciso que o Senhor me leve até esse banco, mostre-me o caminho! Parecia que alguém me segurava pelo braço, conduzindo-me. Foi assim mesmo, passei pelo centro da cidade, contornei uma praça e depois segui em frente por uma rua. Andei muitas quadras, até que de repente ouvi uma voz: Pare! Parei e olhei para o lado, e constatei que estava na frente do banco. Depois de tudo resolvido, fiz o mesmo trajeto na volta. Claro que, hoje, ninguém se perde, basta ligar o GPS ou acessar o Google Maps, mas, alguns anos atrás, não havia essas facilidades; todavia, nunca tive problemas, pois sempre tive comigo o Espírito Santo. Ele me ensina todas as coisas.

O Espírito Santo é quem nos faz discernir entre o certo e o errado, impede-nos de praticar a iniquidade e não nos deixa cair em tentação. É Ele que nos capacita, dando-nos sabedoria e aumentando a nossa fé, e nos mostra que não precisamos ter medo de nada, pois somos o templo da sua habitação. Ele mora dentro de nós, então o que poderemos temer? Temos o autor da vida dentro de nós. Que tesouro temos! Andemos com Ele.